JN098509

【九訂版】

学校法人ハンドブック

設立・会計・税務

公認会計士・税理士 **実藤秀志** 著

税務経理協会

九訂版発行に際して

　八訂版発行より３年が経過しました。

　この間元号も平成から令和に変わり，またコロナ禍もあり激動の世の中を迎えました。学校法人も例外ではなくオンライン授業など様々な変化がみられました。

　さて，学校法人の制度や会計・税務も新たな動きがありました。

　まず，令和元年の私学法改正により，①寄附行為の定めがなくても，役員等の責任の一部免除に関しては，評議員会の議決権が認められ，②学校法人の理事及び監事の関係は，委任に関する規定に従うものと明示されました。

　次は，大きな制度が創設されました。まず，令和元年10月より施行された「幼児教育無償化における子ども子育て支援新制度」，令和２年４月より施行された「私立高校授業料の実質無償化」，さらに大学・短大・高等専門学校を対象にした「高等教育修学支援新制度」がそれぞれ創設されました。そこで，本書でも，「Ｉ　学校法人」で新たに項目を設け，「4　幼児教育・保育と高等教育の無償化制度」において説明することとしました。

　学校法人の税務については，まずここ３年間の改正事項を反映させた他，消費税の軽減税率の導入や新たに今後重要となってくるインボイス制度にも言及しました。

　以上のことから，ハンドブックとして簡明な説明にとどめ，九訂版もわかりやすく記述したつもりです。

　本書が皆様のお役に立てば幸いです。

　なお，九訂版発行にあたり，税務経理協会の皆様にたいへんお世話になり，この場を借りて感謝申し上げる次第です。

令和３年10月

実藤　秀志

は し が き

　本書は，特殊法人ハンドブックシリーズの一つとして発刊しました。

　これまで，『公益法人ハンドブック』から始まり，『中間法人ハンドブック』に至るまで，５種類の特殊法人ハンドブックシリーズを発刊しましたが，当『学校法人ハンドブック』は，今までのシリーズの集大成の想いで執筆しました。

　本書におきましても，学校法人の設立から税務までを，必要なもののみ抽出し，コンパクトに，さらに分かり易く説明したつもりです。しかし，そのため詳しい説明を省略しているところが多々あるため，本書は初級者向けというよりはむしろ上級者向けの内容となってしまいました。

　本書が，皆様方のお役に立てば幸いです。

　また，学校法人会計については，公認会計士齋藤力夫先生に御指導いただき，こうしたものが出版できたことを感謝しております。

　本書出版にあたっても，税務経理協会の峯村氏にお世話になり，重ねて感謝申し上げます。

　平成13年8月

実藤　秀志

目　　次

4　幼児教育・保育と高等教育の無償化制度

II

学校法人会計

Ⅲ

学校法人の税務

I

学 校 法 人

1
学校法人とは

1 意　義

　学校法人とは，私立学校設置を目的として，私立学校法の定めるところにより設立される法人をいい，原則として，私立学校は，学校法人のみ設置可能です。

　例外として，盲学校，聾学校，養護学校，幼稚園については，学校法人以外でも設置可能とされています。

　法人には公益を目的として設立された公益法人，営利を目的として設立された営利法人，目的が公益でも営利でもない中間法人の三種類がありますが，学校法人は以下の表のとおり公益法人に属します。

法 人 区 分	法 人 種 類	根 拠 法
公 益 法 人	公益社団法人，公益財団法人	公 益 認 定 法
	宗教法人	宗 教 法 人 法
	学校法人	私 立 学 校 法
	社会福祉法人	社 会 福 祉 法
営 利 法 人	株式会社，合名会社 合資会社，合同会社	会 　 社 　 法
中 間 法 人	医療法人	医 　 療 　 法
	協同組合その他	各 特 別 法

② 所　轄　庁

　学校法人の所轄庁は，以下の私立学校及び学校法人の区分に従って，次のように定められています。

	区　　　　　分	所　轄　庁
①	大学及び高等専門学校	文部科学大臣
②	①以外の学校（小学校，中学校，高等学校，盲学校，聾学校，養護学校，幼稚園）並びに専修学校及び各種学校	都道府県知事
③	①の学校を設置する学校法人	文部科学大臣
④	②の学校を設置する学校法人及び専修学校又は各種学校を設置する準学校法人	都道府県知事
⑤	①の学校と②の学校，専修学校又は各種学校とを併せて設置する学校法人	文部科学大臣

③　国公立大学の動向

　国立大学については，「国立大学法人法」の規定に基づき，2004年4月より全ての国立大学が国立大学法人に移行しました。

　公立大学につきましても，「地方独立行政法人法」に基づき，法人化が可能になりました。

　このことにより，国公立大学も私立大学などと同様，より経営的手腕が求められるようになりました。

2
機　　関

1　理　　事

　理事とは，対外的に学校法人の業務について学校法人を代表し，対内的には学校法人の業務執行を行う必要常置の機関です。

　学校法人は，役員として，理事5人以上を置かなければなりません。理事は，学校法人の業務を決し，理事の職務の執行を監督する理事会を組織します。

　理事の中から学校法人を代表し，その業務を総理する理事長が選ばれます。理事長は，理事会の招集なども行います。

　また，学校法人の業務は，寄附行為に別段の定めがないときは，理事の過半数の議決をもって決せられます。

　なお，令和元年の私学法改正により，同法第35条の2によって，学校法人と理事及び監事との関係は，委任に関する規定に従うことと明示されました。

2　監　　事

　監事とは，主として学校法人の財産の状況や業務を監査する必要常置の機関です。監事は，評議員会の同意を得て，理事長に選任されます。

　学校法人は，役員として，監事2人以上置かなければなりません。

　なお，監事は，理事や評議員や当該学校法人の教職員との兼職は禁止されています。

3　評議員会

　学校法人には，評議員会が置かれます。

この評議員会は，理事長が招集し，その定数は，理事の定数の２倍超をもって組織されます。

　そして，理事長は，借入等の場合や重要な財産を処分する場合や寄附行為を変更するときなどの場合には，あらかじめ評議員会の意見を聞かなければなりません。

　また，評議員会は，学校法人の業務や財産の状況などについて，役員に意見を述べる，あるいは，役員から報告を聴取することができます。

　なお，従来評議員会は諮問機関として位置付けられ，寄附行為で定められた事案ごとに議決権が定められていましたが，令和元年度の私学法改正により，寄附行為の定めがなくても，役員等の責任の一部免除に関しては，評議員会で議決できることになりました。

3
設　　立

① 概　　要

　学校法人を新設しようとする場合，寄附行為をもって文部科学省令に定める手続に従って，所轄庁の認可を受けなければなりません。

　また，既存の学校法人が，学校を追加設置する場合にも，寄附行為の変更の認可を，文部科学省令に従って，所轄庁に申請しなければなりません。

② 手　　続

　まず，寄附行為については，目的等を定め，所轄庁の認可を受けなければなりません。次に，学校法人の寄附行為又は寄附行為変更の認可申請に係る提出書類は，「学校法人の寄附行為等の認可申請に係る書類の様式等」（平成16年文部科学省告示第117号，最終改正平成27年同告示第29号）によれば以下の表のとおりです。

別表第1（第13条関係）　学校法人の寄附行為又は寄附行為の変更の認可の申請に係る提出書類

申請の区分（私立学校法施行規則） 提出すべき書類（様式）	寄附行為					寄附行為の変更											
	私立大学等を設置する学校法人の設立（第2条第1項及び第3項） 開設年度の前々年度の10月1日から同月31日まで		設置者の変更による学校の設立（法人の設立）（第2条第3項及び第3条第1項） 開設年度の前々年度の6月30日まで		私立大学等の設置（第3項及び第4項） 開設年度の前々年度の6月30日まで		私立大学の学部等の設置（第4条第4項） 開設年度の前々年度の6月30日まで ～ 開設年度の前年度の3月1日から同月31日まで		私立大学の国際連携学科等の設置（第4条第5項） 開設年度の前々年度の3月1日から同月31日まで ～ 開設年度の前年度の8月1日から同月31日まで		私立大学等の課程若しくは都道府県連携学科の開始又は廃止に係る設置者の設置（第4条第7項）	私立学校審議会若しくは私立大学審議会等の設置者となる場合の事業の開始（第4条第9項）	その他（第4条第11項）	私立学校を設置しない設置者となる場合等の設置（第4条第2項）、学校の設置廃止等の変更（第4条の2第2項）
	正本	総括表	正本	総括表	正本	総括表	正本	総括表	正本	総括表	正本	正本	正本	正本
1　認可申請書（様式第1・1号）	○		○		○		○		○		正本	正本	正本	正本
2　認可申請書（様式第1・2号）											○	○	○	○
3　寄附行為	○													
4　寄附行為変更の事由及び条項を記載した書類			○		○		○		○		○	○	○	○
5　設立趣意書	○		○											
6　設立の決議書	○		○											
7　設立に係る基本計画及び当該学校法人の概要を記載した書類（様式第2・1号）	○		○											
8　当該学校法人の概要を記載した書類（様式第2・2号）					○		○		○		○	○	○	○
9　設立代表者の履歴書	○		○											
10　役員に関する書類（様式第3号）	○		○		○		○		○					
11　役員が学校法人の管理運営に必要な知識又は経験を有すること を証する書類（様式第9号）	○		○		○		○		○					
12　寄附行為認定の手続を経たことを証する書類	○		○		○		○		○		○	○	○	○
13　現行の寄附行為			○		○		○		○		○	○	○	○
14　経費の見積り及び資金計画を記載した書類（様式第4号）	○		○		○		○		○					
15　当該学校法人の事務組織の概要を記載した書類（様式第5号）	○	※1	○	※1										
16　財産目録その他の事務組織の最近における財産の状況を知ることができること を証する書類（様式第6号）	○		○		○	※2	○	※2	○	※6		※6		
17　開設年度及びその前年度の財産目録その他の財産目録の状況を知ることができる書類、貸借対照表及び収支計算書並びに開設年度の前年度の予算書（様式第6号及び様式第7号その他 2）	○		○		○		○		○					
18　財産目録について公認会計士等の監査の結果を記載した書類	○		○		※3		※3		※3		※3	※3	○	
19　寄附申込書	○		○		※3		※3		※3		※3	※3	○	
20　寄附金等の額を明らかにする書類	○		○											
21　不動産の権利の所属についての登記所の証明書等	○		○											
22　不動産その他の主たる財産については、その評価の結果を記載した評価証明書等	※4		※4		※4		※4		※4		※4	※4	※4	

23 開設年度の前年度から開設後修業年限に相当する年数が経過する年度までの事業計画及びこれに伴う予算書(様式第7号)									○	○
24 二年間の事業計画を補足する書類(様式10号)									○	
25 設置認可を補足する書類(様式10号)	○	○	○	○	○	○	○	○	○	○
26 負債がある場合又は借入れを予定する場合には、その償還計画書(様式第8号)	○	○	○	○	○	○	○	○	○	○
27 校地校舎等の整備の内容を明らかにする図面	※5	※5	※5	※5	※5	※5	○			
28 当該開設する私立学校若しくは課程等又は収益事業に係る財産の処分に関し二以上に区分した事項を記載した書類						※5				
29 当該設置者の処分による変更に関する事項を記載する書類										
提出部数	1	1	1	10	10	1	1	1	1	1

(注)
1 最近における財産の状況を知ることができる書類(様式第6号その2)のみ添付すること。
2 最近における財産の状況を知ることができる書類(様式第6号その2)及び開設年度の前々々年度の貸借対照表を添付すること。
3 設置認可の前年度における予算書を必要とする場合には、添付を省略することができる。
4 適正な価格により購入し、又は借入れその他の方法で認められる場合には評価を省略することができる。
5 私立大学等の前年度及び当該年度における校舎の配置図の写し(校舎の配置図のみ添付すること)。
6 「開設年度の前年度」とあるのは「開設年度の前々年度」と、「開設年度」とあるのは「申請年度」と読み替える。
7 「開設年度の前年度」とあるのは「開設年度」と、「開設年度の前々年度」とあるのは「開設年度の前年度」とする。
8 「秘匿表」については、次の編纂期日によるものとする。
 (1) 設置に係る基本計画及び当該学校法人又は当該設置学校の概要を記載した書類(様式第2号)
 (2) 校地及び学校法人の資産運用に必要な知識又は経験を有することを証明する書類(様式第6号その2)
 (3) 最近における財産の状況を知ることができる書類(様式第6号その2)
 (4) 予算書の内容を補足する書類のうち、資金収支予算決算総括表(様式第10号その1)
 (5) 予算書の内容を補足する書類のうち、事業活動収支予算決算総括表(様式第10号その2)
 (6) 予算書の内容を補足する書類のうち、その推進計画書(様式第8号)
 (7) 経費の見積り及び資金計画を記載した資金計画書
 (8) 開設年度の前年度の貸借対照表
 (9) 予算書の内容を補足する書類のうち、学生納付金内訳表(様式第10号その3)
 (10) 予算書の内容を補足する書類のうち、専任教職員給与内訳表(様式第10号その4)
 (11) 校地校舎等の整備の内容を明らかにする図面のうち、私立大学等の位置及び校地の状況並びに校舎の配置図
 (12) 当該学校法人の事務組織の概要を記載した書類(様式第5号)

別表第2（第13条関係）　学校法人の解散の認可若しくは合併又は組織変更の申請者に係る提出書類

提出すべき書類（様式）＼申請の区分（私立学校法施行規則）／提出期限	学校法人の解散（第5条第1項）／正本	学校法人の合併（第6条第1項）／正本	準学校法人の組織変更（第2項及び第3項）開設年度の前々年度の10月31日から同月31日まで／正本	開設年度の前年度の30日まで／正本	開設年度の前年度の6月／総括表	準学校法人が文部科学大臣の所轄に属する学校法人による場合の組織変更（第9条第2項及び第3項）開設年度の前々年度の3月1日から同月31日まで／正本	準学校法人が設置者変更により文部科学大臣の所轄に属する学校法人になる場合の組織変更（第9条第5項）開設年度の前年度の6月30日まで／正本
1　解散の事由等を記載した認可申請書（様式第1-4号）	○						
2　認可申請書（様式第1-5号）		○					
3　認可申請書（様式第1-5号）			○	○		○	○
4　寄附行為変更の条項及び事由を記載した書類			○	○		○	○
5　理由書			○	○		○	○
6　設置に係る基本計画及び当該学校法人の概要を記載した書類（様式第2-1号）					○		
7　当該学校法人の概要を記載した書類（様式第2-2号）			○	○		○	○
8　役員に関する書類（様式3号）			○	○		○	○
9　寄附行為所定の手続を経たことを証する書類			○	○		○	○
10　現行の寄附行為	○		○	○		○	○
11　経費の見積り及び資金計画を記載した書類			○	○	○	○	○
12　当該学校組織の概要を記載した書類（様式第4号）	○				○	○	○
13　法第50条第1項に規定する手続（法第42条に規定する手続を含む。）又は法第42条に規定する手続を経たことを証する書類（様式第5号）	○						
14　法第52条第1項に規定する手続（法第42条に規定する手続を含む。）を経たことを証する書類		○					
15　法第55条の場合においては、申請者が同条の規定により選任された者であることを証する書類		○					
16　合併契約書		○					
17　存続学校法人又は設立学校法人の寄附行為		○					
18　合併前の学校法人又は準学校法人の寄附行為		○					
19　存続学校法人又は設立学校法人の設置する私立学校の学則		○					

書類名						
20 財産目録その他の最近における財産の状況を知ることができる書類（様式第6号）			○			○
21 合併前の学校法人又は準学校法人の貸借対照表			○			○
22 合併前の財産目録その他の最近における財産の状況を知ることができる書類、貸借対照表及び収支決算書並びに開設年度の前々年度の予算書（様式第6号及び様式第7号その2）		※1		○		○
23 財産目録について公認会計士の監査の結果を記載した書類				○		○
24 寄附申込書				※2	※2	※2
25 寄附の収納状況等を明らかにする書類				※2	※2	※2
26 不動産の権利の所属の証明書類等			○			○
27 不動産その他の主たる財産について、その評価をした価格評価書、資格を有する者の作成した価格評価書		※3		※3		※3
28 開設年度の前年度から開設後相当年数が経過する年度までの事業計画及びこれに伴う予算書（様式第7号）			○	○		○
29 二年間の事業計画及びこれに伴う予算書（様式第10号）			○			○
30 負債がある場合の内容を補足する書類又は借入をする場合には、その償還計画		○		○		○
31 負債がある場合又は借入をする場合には、その償還計画書（様式第8号）		○		○		○
32 校地校舎等の整備の内容を明らかにする図面		※4		○		○
33 残余財産の処分に関する事項を明らかに記載した書類	○					
提出部数	1	10	1	1	1	1

（注）
1 ※1は、最近における財産の状況及び財産を知ることができる書類（様式第6号その2）及び開設年度の前々年度の貸借対照表については、添付を省略することができる。
2 ※2は、設置経費及び経常費の財源に寄附金を充てることとする場合には、添付することができる。
3 ※3は、適正な価格で購入した場合等のその他の新たに評価を行う必要のないと認められる場合には、添付を省略することができる。
4 ※4は、私立大学等の場合及び校地の状況図並びに校舎の配置図のみ添付すること。
5 「総括表」については、次の編纂順序によるものとする。
(1) 設置に係る基本計画及び当該学校法人の概要を記載した書類（様式第6号その2）
(2) 最近における財産の状況及び財産を知ることができる書類（様式第6号その2）
(3) 予算書の内容を補足する書類のうち、資金収支予算総括表（様式第10号その1）
(4) 予算書の内容を補足する書類のうち、事業活動収支予算総括表（様式第10号その2）
(5) 負債がある場合又は借入をする資金計画を記載した書類、その償還計画書（様式第8号）
(6) 経費の見積り及び借入金の前々年度の貸借対照表
(7) 開設年度の前々年度の貸借対照表
(8) 予算書の内容を補足する書類のうち、学生納付金内訳表（様式第10号その3）
(9) 予算書の内容を補足する書類のうち、専任教職員給与内訳表（様式第10号その4）
(10) 校地校舎等の整備の内容を明らかにする図面のうち、私立大学等の位置及び校地の状況図並びに校舎の配置図
(11) 当該学校法人の事務組織の概要を記載した書類（様式第5号）

別表第3（第13条関係）　学校法人の寄附行為変更の届出に係る提出書類

提出すべき書類（様式）＼届出の区分（私立学校法施行規則）	寄附行為の変更（第4条の3）
1　寄附行為変更届出書（様式第1-3号）	○
2　寄附行為変更の条項及び事由を記載した書類	○
3　寄附行為所定の手続を経たことを証する書類	○
4　変更後の寄附行為	○
提出部数	1

学校法人 ○ ○ ○ ○ 寄附行為認可申請書

　　　　　　　　　　　　　　　　　　　　　　　　　　　年　　　月　　　日

　　文 部 科 学 大 臣　殿

　　　　　　　　　　住　　　　　所

　　　　　　　　　　設 立 代 表 者

　　このたび学校法人○○○○を設立したいので，私立学校法第３１条の
規定によって認可されるよう，同法施行規則第２条の関係書類を添えて申
請します。

（注）
1　「住所」は，申請者の主たる事務所の住所とすること。
2　「設立代表者」は，設立準備委員会等の場合は設立代表者，設立準備財団
　の場合は当該財団の理事長とすること。
3　「学校法人○○○○」は，設立しようとする学校法人名とすること。

学校法人 ○ ○ ○ ○ 寄附行為変更認可申請書

年　　　月　　　日

文 部 科 学 大 臣　　殿

住　　　　　所

学 校 法 人 ○ ○ ○ ○ 理事長

　このたび学校法人○ ○ ○ ○の寄附行為を別紙のように変更したいので，私立学校法第４５条第１項の規定によって認可されるよう，同法施行規則第４条の関係書類を添えて申請します。

（注）　「住所」は，申請書の主たる事務所の住所とすること。

学校法人 ○ ○ ○ ○ 寄附行為変更届出書

年　　　月　　　日

文 部 科 学 大 臣　殿

　　　　　　　住　　　　所

　　　　　　　学 校 法 人 ○ ○ ○ ○ 理事長

　このたび学校法人○○○○の寄附行為を別紙のように変更したいので，私立学校法第４５条第２項の規定により，同法施行規則第４条の３第２項の関係書類を添えて届け出ます。

（注）　　「住所」は，申請書の主たる事務所の住所とすること。

様式第１－４号（第１１条関係）　　　　　　　　（用紙　日本産業規格Ａ４縦型）

学校法人 ○ ○ ○ ○ 及び学校法人○ ○ ○ ○ 合併認可申請書

　　　　　　　　　　　　　　　　　　　　　　　　年　　　月　　　日

　　　文 部 科 学 大 臣　　殿

　　　　　　　　　　住　　　　　所

　　　　　　　　　　学 校 法 人 ○ ○ ○ ○ 理事長

　　　　　　　　　　住　　　　　所

　　　　　　　　　　学 校 法 人 ○ ○ ○ ○ 理事長

　このたび学校法人○ ○ ○ ○と学校法人○ ○ ○ ○を合併したいので、私
立学校法第５２条第２項の規定によって認可されるよう，同法施行規則第
６条の関係書類を添えて申請します。

（注）　「住所」は，申請書の主たる事務所の住所とすること。

16

様式第１－５号(第１１条関係)　　　　　　　　　　　　（用紙　日本産業規格Ａ４縦型）

学校法人 ○ ○ ○ ○ 組織変更認可申請書

　　　　　　　　　　　　　　　　　　　　　　　　年　　　月　　　日

文 部 科 学 大 臣 　殿

　　　　　　　　　　住　　　　所

　　　　　　　　　　学 校 法 人 ○ ○ ○ ○ 理事長

　このたび学校法人○○○○の組織を別紙のように変更したいので，私立学校法第６４条第６項の規定によって認可されるよう，同法施行規則第９条の関係書類を添えて申請します。

（注）　「住所」は，申請書の主たる事務所の住所とすること。

Ⅰ　学校法人　17

（用紙　日本産業規格A4横型）

設置に係る基本計画及び当該学校法人の概要を記載した書類

法人の名称							
				事務所の所在地			

新設校の内容

学校名	学部・学科名等	修業年限	入学定員	編入学定員	収容定員	備考

開設年度	年度	申請区分				

既設校の内容

学校名	学部・学科・課程名等	入学定員	編入学定員	収容定員	備考

開設年度	開設年度	新設校の住所		入学者の入学定員に対する割合
	収容定員			

校地

学校名所在地	現有面積（計画年次）	左の内訳		備考
		所有	借用	
	（　　　　㎡）	（　　　　㎡）	（　　　　㎡）	
	（　　　　㎡）	（　　　　㎡）	（　　　　㎡）	
	（　　　　㎡）	（　　　　㎡）	（　　　　㎡）	

校舎

	現有面積（計画年次）	左の内訳		備考
		所有	借用	
	（　　　　㎡）	（　　　　㎡）	（　　　　㎡）	
	（　　　　㎡）	（　　　　㎡）	（　　　　㎡）	
	（　　　　㎡）	（　　　　㎡）	（　　　　㎡）	

法人の沿革								

役員等の氏名

氏名	生年月日（年齢）	最高学歴	主な職歴等	親族関係（私学法第38条第7項）	常勤・非常勤の別	寄附行為の選任案項（選任区分）
理事数（定員　　人／現員　　人）　（理事長）						
（理事）						
（理事予定者）						
監事数（定員　　人／現員　　人）　（監事）						
その他（法人事務局長）						
新設校等（学長）						
（学部長）						
（学科長）						
（大学事務局長）						

評議員の氏名等　評議員数（定員　　人／現員　　人）

氏名	職名			業	常勤・非常勤の別	寄附行為の選任案項（選任区分）

※理事兼任者　　人

1 「新設校の内容」の欄について
(1) 「学校名」の項には、当該申請に係る大学、短期大学又は高等専門学校の名称を記入すること。
(2) 「学部・学科名」の項には、当該申請に係る高等専門学校の学科又は大学の学部の研究科及び専攻の名称を記入すること。また、短期大学の学科及び専攻の名称を記入すること。
(3) 「編入学定員」の項には、入学定員、編入学定員及び収容定員が各々増減する場合には、その内容を記入すること。「編入学定員」の項には、編入学を行う年次ごとに編入学定員を記入すること。また、「収容定員」の項には編入学定員をも合わせた収容定員を記入すること。
(4) 昼間開講制を実施する場合には、既設学部の昼間主から入学定員を振り替える場合には、その内容を記入すること。
(5) 「備考」の項には、入学定員、編入学定員及び収容定員が各々増減する場合には、当該増減に応じた大学院等の基礎となる学部等の名称を記入すること。
　なお、大学院又は大学院の研究科を新設する場合には、当該学部の研究科増設に応じた大学院の研究科増設等と記入すること。
(6) 「申請区分」の項には、当該申請内容に応じ「大学新設」、「短期大学新設」又は「大学院の研究科新設」、「高等専門学校新設」、「学部増設」、「学科増設」、「大学院の研究科増設」、「高等専門学校の学科増設」、「学部の学科増設」等と記入すること。

2 「既設校の内容」の欄について
(1) 申請時において当該学校法人が設置している学校について記入すること。
　なお、大学院を設置している場合には、「学部・学科名」の項には、当該大学院及び研究科の名称を記入すること。
(2) 「入学者の割合」の項は、開設年度の前年度から過去4年間（大学の場合。その他学校の修業年限に応じた年数とする。）の入学定員に対する入学者の割合の平均を小数点第2位（小数点第3位を四捨五入）まで記入すること。
(3) 「備考」の項には、上記(2)以外の開設年度の前年度から過去4年間（大学の場合。その他学校の修業年限に応じた年数とする。）の定員変更の状況を記入すること。

3 「校地・校舎」の欄について
(1) 「学校名」の項には、当該学校法人が設置しているすべての学校の名称の下に括弧書きで所在地を記入すること。
(2) 「現有面積」の項及び「左の内訳」の各項は、財産目録上1校地1校舎としているものを記入すること。また、（ ）内には、申請時以降に取得される整備分を括弧書き外数で記入すること。

4 「法人等の沿革」の欄について
大学設立認可の前及び後について、その時期及び概要を簡潔に記入すること。

5 「役員の氏名等」の欄について
(1) 「寄附行為の変更により役員数等を変更する場合は、「役員の氏名等」の項については変更後の内容（定数及び現員の予定）についても併せて括弧書きで記入するとともに、選任行為の変更及び変更後の項を分けて記入すること。「寄附行為の選任行為について要事項を記入すること。この場合、選任行為の変更を伴うものを記入し、その時期及び内容（定数及び現員の予定）について括弧書きで記入すること。
(2) 「新設校等」の項は、新設校等の長（学長、学部長、学科長、研究科長等）を記入し、事務局長については当該大学のほか当該事務局長が含まれる大学等に事務局長を記入すること。
(3) 「主な職歴等」の項には、兼務している他の学校法人の役職についてはすべて記入すること。
(4) 「親族関係（私立学校法第38条第7項）」の項には、三親等以内の親族が含まれる場合には、その状況を記入すること。その配偶者又は三親等以内の親族については各欄について○に△を付すこと。

6 「評議員の氏名等」の欄について
(1) 「役員の氏名等」の欄に準じて記入すること。
(2) 理事兼任の場合は、氏名の前に※を付すこと。

7 この書類には、新設する大学又は学部等の設置の趣旨を記載した書類（資料を含む）及び学生の確保の見通し等を記載した書類（資料を含む）を添付すること。

様式第2−2号（第11条関係）

（用紙　日本産業規格A4横型）

当該学校法人の概要を記載した書類

法人の名称								
既設校の内容	学校名	学部・学科・課程名等	開設年度	入学定員	編入学定員	収容定員	入学者の入学定員に対する割合	備考
			事務所の所在地					
法人の沿革								

役員の氏名等	氏名等	生年月日（年齢）	最終学歴	主な職歴等	親族関係（私学法第38条第7項）	常勤・非常勤の別	寄附行為の選任条項（選任区分）
	（理事長）						
	（理事）						
	（理事予定者）						
	（監事）						
	（事務局長）						

理事数
（定員　　人）
（現員　　人）

監事数
（定員　　人）
（現員　　人）

評議員の氏名名等	氏名	名職				常勤・非常勤の別	寄附行為の選任条項（選任区分）

評議員数
（定員　　人）
（現員　　人）

※理事兼任者　　人

様式2-2号（第11条関係）

（注）

1 「既設校の内容」の欄について

(1) 申請時において当該学校法人が設置している学校の状況を記入すること。

なお、大学院を設置している場合には、「学部、学科、課程名」の項に当該大学院及び研究科の名称を記入すること。

(2) 「入学者の入学定員に対する割合」の項は、開設年度の前年度（設置を伴わない場合は直近）から過去4年間（大学の場合。その他の学校の修業年限に応じた年数とする。）の入学者に対する入学定員（小数点第2位（小数点第3位を切り捨て）まで記入すること。

(3) 「備考」の項には、上記(2)以外の開設年度の前年度から過去4年間（大学の場合。その他の学校の修業年限に応じた年数とする。）の定員変更の状況を記入すること。

2 「法人等の沿革」の欄について

大学等設置の認可及び届出の状況について

3 「役員の氏名等」の欄について

(1) 寄附行為の変更により要事項を変更する場合は、「役員の氏名等」の項に変更後の内容（定数及び現員の予定）についても併せて括弧書で記入するとともに、理事予定者について所要事項を変更すること。この場合、選任条項の変更を伴うときは、「寄附行為の選任行為の役職について」は全て記入すること。

(2) 「主な職歴等」の項は、兼務している他の学校法人の役職について記入すること。

(3) 「親族関係（私立学校法第38条第7項）」の項には、各役員には、三親等又は三親等以内の親族等に親族が含まれる場合には、その配偶者又は三親等以内の親族について、その状況を記入すること。

4 「評議員の氏名等」の欄について

(1) 「役員の氏名等」の欄に準じて記入すること。

(2) 理事兼任の場合は、氏名の前に※を付すこと。

（用紙　日本産業規格A4横型）

22

役員のうちに，各役員について，その配偶者又は三親等以内の親族

が一人を超えて含まれていないことを証する書類

宣　　　誓　　　書

　　　役員のうちには，各役員についてその配偶者又は三親等以内の親族が

一人を超えて含まれていないことを宣誓します。

　年　　月　　日

　　　　　　　　　　　　　　　　　設立代表者

（注）「設立代表者」は，設立準備委員会等にあっては設立代表者，設立準備財団にあっては
　　　当該財団の理事長，合併認可申請にあっては合併しようとする各法人の理事長の連名，
　　　組織変更認可申請にあっては組織変更しようとする準学校法人の理事長とすること。

様式第3号その2(第11条関係)　　　　　　　（用紙　日本産業規格A4縦型）

役員が私立学校法第38条第8項各号に該当しない者であることを証する書類

誓　　　約　　　書

各役員について，次のいずれにも該当していないことを誓約します。

一　禁錮以上の刑に処せられた者

二　教育職員免許法第10条第1項第2号又は第3号に該当することにより
　　免許状がその効力を失い，当該失効の日から三年を経過しない者

三　教育職員免許法第11条第1項から第3項までの規定により免許状取上
　　げの処分を受け，三年を経過しない者

四　日本国憲法施行の日以後において，日本国憲法又はその下に成立し
　　た政府を暴力で破壊することを主張する政党その他の団体を結成し，
　　又はこれに加入した者

五　精神の機能の障害により役員の職務を適正に執行するに当たって必要な
　　認知，判断及び意思疎通を適切に行うことができない者

　　年　　月　　日

　　　　　　　　　　　　　設立代表者

（注）
1　「学校法人」は，寄附行為認可申請にあっては，設立しようとする学校法人の名称とす
　ること。
2　「設立代表者」は，合併認可申請にあっては合併しようとする各学校法人の理事長，組
　織変更認可申請にあっては組織変更しようとする当該学校法人の理事長とすること。

（用紙　日本産業規格A4横型）

経費の見積り及び資金計画を記載した書類

設置経費及び経常経費並びにその支払計画を記載した書類

区分		年度	開設年度の前年度	開設年度	年度	年度	年度	合計	
								年度	計
			千円	千円	千円	千円	千円	千円	千円
設置経費	施設	校地（うち造成費）							
		基準内							
		基準外							
	設備	図書							
		教具							
		校具							
		備品							
		小計							
合計									
新設校の開設年度の経常経費									

既設校からの転用・共用	施設	基準内	千円
		基準外	千円
	設備	図書	千円
		教具・校具・備品	千円

（注）

1　設置経費（校地並びに施設及び設備の整備に要する経費をいう。以下同じ。）について、年度ごとに記入すること。

2　「校地」の欄には、造成費がある場合は括弧書きでその金額を記入すること。

3　「施設」については、大学設置基準（昭和31年文部省令第28号）等に定める基準面積に算入できるもの（基準内）とそれ以外のもの（基準外）とに区分して記入すること（以下同じ。）。

4　「新設校の開設年度の経常経費」は、大学、短期大学又は高等専門学校を設置する場合にのみ記入すること。なお、校地及び施設が全て借用の場合には、開設年度から完成年度までの経常経費を記入すること。

様式第4号その2（第11条関係）

設置経費の算出基礎表

	契約等の内容	契約相手方氏名（契約年月日）	契約等金額	開設年度の前年度 支払年月日	年度 支払年月日	開設年度 支払年月日	年度 支払年月日	備考
校地	契約物件所在地 面積 合計		千円 〇〇,〇〇〇	千円 〇,〇〇〇 〇年〇月〇日	千円 〇,〇〇〇 〇年〇月〇日	千円 〇,〇〇〇 〇年〇月〇日	千円 〇,〇〇〇 〇年〇月〇日	着工 〇年〇月〇日 完成 〇年〇月〇日
施設 基準内	工事名 構造 面積 単価 合計							
基準外	工事名 構造 面積 単価 合計							
設 図書	種別 冊数 合計							〇年〇月〇日納入
備 教具 校具	種別 数量 合計							
備品	種別 数量 合計							

（注）

1 設置経費の算出根拠について具体的に記入すること。
2 「校地」の欄については、買収費及び造成費に区分して記入すること。
3 「施設」の欄については、建物ごとに区分して記入すること。
4 「施設」の欄中、「備考」の項には、着工（予定）時期及び完成（予定）時期を記入すること。「図書」及び「教具、校具、備品」の欄中、「備考」の項には、納入（予定）時期を記入すること。
5 契約が完了している場合は、契約書、領収書等の写しを、契約が完了していない場合は、見積書等の写しを添付すること。

（用紙　日本産業規格Ａ４横型）

転　共　用　計　画　表

（新　設）	〇〇学部	入定　人	収定　人
（申請中）	□□学部	入定　人	収定　人
（既　設）	△△学部	入定　人	収定　人
	××学部	入定　人	収定　人
	大学院〇〇研究科	入定　人	

1 施設の転共用計画

建物名	転共用内訳 区分	面積 A	按分内容 按分率 B	按分面積 C(A×B)	帳簿価格 D	転共用金額 [使用割合C/A]	自己資金 当初借入金	返済額	借入残額 F	自己資金率 [1－F/D]
		㎡	％	㎡	千円	千円	千円	千円	千円	％
基準内 〇〇号館	〇〇学部に転用									
	△△学部と共用									
	△△学部、××学部と共用			｛		｛%｝				
	他学部専用									
	計									
合　計			％	㎡	千円	千円	千円	－	－	－
基準外		㎡		㎡	千円	｛%｝	千円	千円	千円	％
合　計			％	㎡	千円	千円	千円	－	－	－

2 設備の転共用計画

区　　分	冊・点　数				金　　額			
	転用	共用	計		転用	共用	計	
図　　　書	冊	冊	冊		千円	千円	千円	
					(0)	(0)	(0)	
教　具 校　具 備　品	点	点	点		千円	千円	千円	
					(0)	(0)	(0)	

（注）

1　既設校から転用又は共用する施設と共用する既設校と設備がある場合に作成すること。

2　「1　施設の転共用計画」の表について

(1)　「区分」の項は、「OO学部に転用」、「△△学部と共用」、「他学部専用」、「OO学部等転共用」等転共用の形態ごとに区分すること。

(2)　「按分率」の項は、使用する全ての学部又は学科の収容定員の合計に対する新設学部等の収容定員の割合及び算出根拠を記入すること。この場合、収容定員は新設学部等の完成年度における定員とすること。

(3)　「帳簿価格」の項は、申請時の財産目録の金額によること（2の(1)の「金額」においても同じ）。

(4)　「転共用価格」の項は、帳簿価格に使用割合（当該建物面積に対する按分面積の割合）を乗じた金額及び算出根拠を記入すること。また、使用割合及び算出根拠を［　］内に記入すること。

(5)　校地について借入金のある場合には、校舎等に準じて転共用計画を作成すること。なお、校地の「按分率」の算定基礎となる収容定員は完成年度における収容定員とすること。

(6)　本表の欄外上部に、新設校及び転共用に係る既設校名及び定員を括弧書きで記入すること。

3　「2　設備の転共用計画」の表について

(1)　「金額」の項は、共用又は転用する設備の帳簿価格を記入し、「共用」の項には括弧書きで新設学部等の使用割合に応じた共用金額を記入すること。なお、共用金額の算定基礎となる収容定員は完成年度における収容定員とすること。

(2)　本表の欄外下部に、新設学部等の使用割合及び算出根拠を記入すること。

様式第4号その4（第11条関係）

設置経費及び経常経費の財源の調達方法を記載した書類

区　　分	財 源 充 当 額	財 源 の 調 達 方 法
○○引当特定資産		第2号基本金として○○年度から○○年度に学納金等帰属収入から組入れられた○○引当特定資産○○千円のうち○○千円を財源に充当
△△引当特定資産		○○年度の寄附金○○千円により積立てられた△△引当特定資産○○千円のうち○○千円を財源に充当
現金預金		○○年度までに学納金等帰属収入から積立てられた現金預金○○千円のうち○○千円を財源に充当
有価証券		○○年度までに学納金等帰属収入から購入された有価証券○○千円のうち国債（額面金額）○○千円を財源に充当
申請年度の寄附金収入		申請年度（○○年度）の寄附金収入○○千円のうち○○千円を財源に充当
合　　計		

（注）
1　第2号基本金から財源充当する場合には、組入計画表を添付すること。
2　「資産売却収入」を財源とする場合には、売買契約書等の写しを、「補助金収入」を財源とする場合には、補助金を支出する国又は地方公共団体等の議会の議決書等をそれぞれ添付すること。

様式第5号（第11条関係）

学校法人の事務組織の概要を記載した書類

（用紙 日本産業規格A4横型）

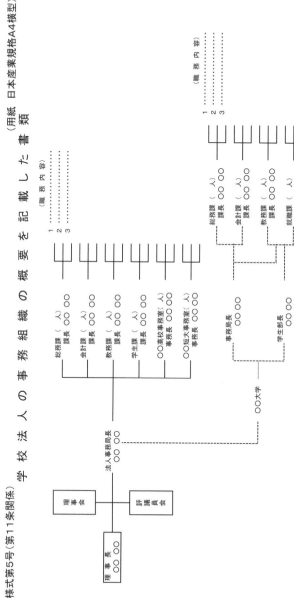

（注）
1 申請時現在の状況について作成すること。
2 作成に当たっては、事務組織に対応してそれぞれ主な職務内容を箇条書きにして略記し、それぞれの部課の実員（課長、事務長を含む専任職員のみ）を併記する。なお、課長、事務長以上の職員については、氏名を併記すること。
3 大学等の設置の申請に伴い新たに事務組織を設けようとするときは、その旨を追加表示すること（点線部分参照。大幅な変更となる場合は別葉としても差し支えない）。
なお、学校法人新設の場合は、開設年度の状況について作成すること。

（用紙　日本産業規格A4横型）

財産目録その他の最近における財産の状況を知ることができる書類

財産目録

財　産　目　録

（　年　月　日現在）

I	資産総額	金	円
	内　1基本財産	金	円
	2運用財産	金	円
	［　収益事業用財産	金	円　］
II	負債総額	金	円
	［　収益事業用負債	金	円　］
III	正味財産		円

財産の状況
[1] 資産
1 基本財産
（1）土地

種別	所在地	新設校専用 ㎡	既設校と共用 ㎡	既設校専用 ㎡	計 ㎡	金額 円	備考
	小計						
	小計						
	計						

（2）建物

種別	所在地	構造	新設校専用 ㎡	既設校と共用 ㎡	既設校専用 ㎡	計 ㎡	金額 円	備考
	小計							
	小計							
	計							

（3）構築物

種別	金額	備考
計		

（4）機器備品
　ア教育研究用機器備品

名称又は種類	数量 点	金額 円	備考
計			

　イ管理用機器備品

名称又は種類	数量 点	金額 円	備考
計			

（5）図書

種別	冊数 冊	金額 円	備考
計			

（6）車両

種別	数量 台	金額 円	備考
計			

(7) 建設仮勘定

内訳（事業名称等）	契約相手方	振替予定科目	支払予定時期	金額　円	備考
計					

2　運用財産
  （1）預貯金・現金
    ア預貯金

預貯金種別	金融機関	金額　円	備考
計			

    イ現金　　　　　　　　円

  （2）特定資産

内訳	預入先又は信託先	金額　円	備考
計			

  （3）有価証券

銘柄	数量	取得年月日	金額　円	備考
計				

  （4）不動産
    ア土地

種別	所在地	面積　㎡	金額　円	備考
計				

    イ建物

種別	所在地	面積　㎡	金額　円	備考
計				

  （5）貯蔵品

種類	用途	金額　円	備考
計			

  （6）未収入金

内訳	件数	金額　円	備考
計			

  （7）前払金　　　　　　　　円

内訳	件数	金額　円	備考
計			

収益事業用財産
※該当がある場合は、「基本財産」及び「運用財産」の各表に応じて内訳を記載。

[2] 負債
1　固定負債
  （1）長期借入金

借入先	件数	金額　円	使途	返済期限	利率　％	備考
計						

  （2）学校債

種類	件数	金額　円	使途	返済期限	利率　％	備考
計						

  （3）長期未払金

内訳	件数	金額　円	使途	支払期限	備考
計					

2 流動負債
(1) 短期借入金

借入先	件数	金額 円	使途	利率 %	備考
計					

(2) 1年以内償還予定学校債

種類	件数	金額 円	使途	利率 %	備考
計					

(3) 未払金

内訳	件数	金額 円	使途	利率 %	備考
計					

(4) 前受金

内訳	件数	金額 円	使途	利率 %	備考
計					

収益事業用負債
※該当がある場合は「固定負債」及び「流動負債」の各表に準じて内訳を記載。

[3] 借用財産
(1) 土地

種類	所在地	新設校専用 ㎡	既設校と共用 ㎡	既設校専用 ㎡	計 ㎡	契約相手方	契約期間	賃料(月額) 円	備考
計									

(2) 建物

種類	所在地	構造	新設校専用 ㎡	既設校と共用 ㎡	既設校専用 ㎡	計 ㎡	契約相手方	契約期間	賃料(月額) 円	備考
計										

重要な会計方針
　1　資産の評価基準
　2　引当金の計上基準
　3　その他の重要な会計方針

(注)
　1　この書類は，開設年度の前々年度の末日又は当該末日から申請を行う日までの間において申請者が定める日で作成すること。
　2　この書類は，申請書に添付する貸借対照表と整合するよう作成すること。
　3　上記以外の貸借対照表の科目の転記にあたっては、上表を参考に適宜追加すること。

財 産 目 録 総 括 表

年度 科 目	年度末 (開設年度から3年前の年度)		年度末 (開設年度の前々年度)		申請時 (年 月 日)	
一　基本財産		千円		千円		千円
1　土地(団地別)						
校地	㎡	千円	㎡	千円	㎡	千円
	㎡	千円	㎡	千円	㎡	千円
計	㎡	千円	㎡	千円	㎡	千円
2　建　物						
(1)校舎	㎡	千円	㎡	千円	㎡	千円
(2)図書館	㎡	千円	㎡	千円	㎡	千円
	㎡	千円	㎡	千円	㎡	千円
計	㎡	千円	㎡	千円	㎡	千円
3　機器備品	点	千円	点	千円	点	千円
4　図書	冊	千円	冊	千円	冊	千円
5　車両	台	千円	台	千円	台	千円
6　その他		千円		千円		千円
二　運用財産		千円		千円		千円
1　預貯金, 現金		千円		千円		千円
2　特定資産		千円		千円		千円
3　有価証券		千円		千円		千円
		千円		千円		千円
三　負債額		千円		千円		千円
1　固定負債		千円		千円		千円
(1)長期借入金		千円		千円		千円
(2)学校債		千円		千円		千円
(3)長期未払金		千円		千円		千円
(4)退職給与引当金		千円		千円		千円
(5)その他		千円		千円		千円
		千円		千円		千円
2　流動負債		千円		千円		千円
(1)短期借入金		千円		千円		千円
(2)1年以内償還予定学校債		千円		千円		千円
(3)未払金		千円		千円		千円
(4)前受金		千円		千円		千円
		千円		千円		千円
四　基本財産+運用財産		千円		千円		千円
五　純資産(四-三)		千円		千円		千円
$\dfrac{総負債(三)-前受金}{総資産(四)} \times 100$		％		％		％

(注)

1　開設年度の初日前3年以内の各会計年度末日又は申請時点の財産目録に基づいて作成すること。

2　校地の再評価を行う場合には, 評価額及び再評価後の負債率, 設置経費及び開設年度の経常経費に借入金を充てる場合には, 借入金額及び借入金を含めた負債率を欄外に記入すること。

（用紙　日本産業規格A4横型）

事業計画及びこれに伴う予算書

事　業　計　画

1　施設又は設備の整備計画

年　度	事　項	事業規模等	事業費	財　源	実施時期	備　考
年度						
年度						

2　その他の主要な事業計画

年　度	事　項	概　　要
年度		
年度		

（注）

1　「1　施設又は設備の整備計画」の表には、施設又は設備に係る主な事業計画を年度ごとに記入すること。

2　「1　施設又は設備の整備計画」の表中、「事項」の項には、整備に係る施設又は設備の名称及び事業内容の総称を、「事業規模等」の項には、施設の構造、面積及び場所又は設備の数量等を、「事業費」の項には、建築又は取得等に要する所要経費を、「財源」の項には、所要経費に充当する主な財源内訳を、「実施時期」の項には、施設の着工及び完成予定時期又は設備の取得時期を、「備考」の項には、整備に係る学部、学科等を、それぞれ記入すること。

3　「2　その他の主要な事業計画」の表には、施設又は設備の整備計画以外の主要な事項について年度ごとに記入すること。

様式第7号その2(第11条関係)　　　　　　　　　　　　　　　　　　　　（用紙　日本産業規格A4横型）

収　支　予　（決）　算　書

（　一　）　資　金　収　支　予　（　決　）　算　書
年　月　日　か　ら
年　月　日　ま　で

収　入　の　部

（単位　円）

科目＼部門	学校法人	○○大学				総額
学生生徒等納付金収入						
授業料収入						
入学金収入						
（何）						
手数料収入						
入学検定料収入						
（何）						
寄付金収入						
特別寄付金収入						
（何）						
その他の収入						
第2号基本金引当特定資産取崩収入						
第3号基本金引当特定資産取崩収入						
（何）引当特定資産取崩収入						
（何）						
資金収入調整勘定						
期末未収入金						
前期末前受金						
（何）						
前年度繰越支払資金						
収入の部合計						

支　出　の　部

（単位　円）

科目＼部門	学校法人	○○大学				総額
人件費支出						
教員人件費支出						
職員人件費支出						
（何）						
教育研究経費支出						
消耗品費支出						
光熱水費支出						
（何）						
その他の支出						
貸付金支払支出						
手形債務支払支出						
（何）						
〔　予備費　〕						
資金支出調整勘定						
期末未払金						
（何）						
翌年度繰越支払資金						
支出の部合計						

（二）事 業 活 動 収 支 予 （ 決 ） 算 書

年　月　日　か　ら
年　月　日　ま　で

（単位　円）

科目 / 部門			学校法人	○○大学				総額
教育活動収支	収入	学生生徒等納付金 授業料 入学金 （何） 手数料 入学検定料 （何）						
		教育活動収入　計						
	支出	人件費 教員人件費 （何） 教育研究経費 消耗品費 （何）						
		教育活動支出　計						
		教育活動収支差額						
教育活動外収支	収入	受取利息・配当金 第3号基本金引当特定資産運用収入						
		教育活動外収入　計						
	支出	借入金等利息 借入金等利息 （何）						
		教育活動外支出　計						
		教育活動外収支差額						
		経常収支差額						
特別収支	収入	資産売却差額 （何） その他の特別収入 （何）						
		特別収入　計						
	支出	資産処分差額 有姿除却等損失 （何） その他の特別支出 （何）						
		特別支出　計						
		特別支出差額						
〔　予備費　〕								
基本金組入前当年度収支差額								
基本金組入額合計								
当年度収支差額								
前年度繰越収支差額								
基本金取崩額								
翌年度繰越収支差額								

（参考）

	学校法人	○○大学				総額
事業活動収入　計						
事業活動支出　計						

（注）
1　各表の「科目」の項については，それぞれ学校法人会計基準（昭和46年文部省令第18号）の資金収支計算書（同基準第一号様式）及び事業活動収支計算書（同基準第五号様式）の科目に準じて記入すること。
2　各表の「部門」の欄については，学校法人会計基準第13条第1項に基づき区分すること（3～5の場合を除き，学部等に区分することを要しない。）。
3　大学の学部，短期大学の学科又は高等専門学校の学科を設置する場合には，当該学校に係る部門については既設学部（学科）及び新設学部（学科）に区分して記入すること。
4　大学の学部の学科を設置する場合には，当該学校に係る部門については既設学部（新設学科の属する学部を除く。），新設学科の属する学部に区分して記入すること。
5　大学院又は大学院の研究科（以下「新設大学院等」という。）を設置する場合には，当該学校に係る部門については既設学部（新設大学院等の基礎となる学部（学科を基礎とする場合は，その学科の属する学部）を除く。），新設大学院等の基礎となる学部（学科を基礎とする場合は，その学科の属する学部）及び新設大学院等に区分して記入すること。
6　どの部門の収入又は支出であるか明らかでない収入又は支出については，教員数又は在学者数の比率等を勘案して，合理的に各部門に配分すること。

様式第8号（第11条関係）

（用紙　日本産業規格A4横型）

負 債 償 還 計 画 書

借 入 先	当初借入額	借入年月日	返済期間及び利率	開設年度の前々年度末までの償還額	開設年度の前々年度末現在の残額	借入金に対する返済計画				借入金の使途等
						開設年度の前年度	開設年度	〇年度	〇年度	
			〇年（据置〇年）	千円	千円	千円（0）	千円（0）	千円（0）	千円（0）	
前年度末の負債残高	日本私立学校振興・共済事業団	〇〇〇	〇年〇月〇日	%							使途：抵当：
	小　計					（0）	（0）	（0）	（0）	
	〇〇銀行					（0）	（0）	（0）	（0）	使途：抵当：
	〇〇銀行					（0）	（0）	（0）	（0）	使途：抵当：
	小　計					（0）	（0）	（0）	（0）	
入学開設年度以降の前々年度定末の負債残高	（学校債）									使途：抵当：
	小　計					（0）	（0）	（0）	（0）	
	〇〇銀行					（0）	（0）	（0）	（0）	使途：抵当：
	小　計					（0）	（0）	（0）	（0）	
合　計						（0）	（0）	（0）	（0）	
年度末残高（元金のみ）										
事業活動収入										
事業活動収入に対する負債償還額（元金＋利息）の割合					%	%	%	%	

	事業活動収入 (1)	借入金等返済支出 (2)	借入金等利息支出 (3)	負債合計(4)(2)+(3)		負債償還率(4)/(1)	短期借入金を除く負債償還率
					うち短期借入金		
開設年度の3年前の年度						%	%
開設年度の前々年度						%	%

（注）
1　法人全体の負債（開設年度の前年度以後に予定している負債、短期借入金等を含む。）についての償還計画を年度ごとに記入すること。
2　「借入金に対する返済計画」の項には、当該年度分の利息を括弧書きで記入すること。
3　「借入金の使途等」の項には、借入目的、借入に係る施設の建築費及び開設年度の経常経費に借入金を充てる場合には、その旨を記入すること。
4　「事業活動収入に対する負債償還額（元金＋利息）の割合」の欄は、小数点第1位（小数点第2位切捨て）まで記入すること。また、短期借入金がある場合は、当該短期借入金の元金を除く負債償還率を括弧書きで記入すること。

38

　　　　　　　　　　　　（用紙　日本産業規格Ａ４縦型）

役員が学校法人の管理運営に必要な知識
又は経験を有することを証する書類

役職	氏名	学校法人の管理運営に必要な知識又は経験

（注）　知識については，例えば，学校教育一般に対する認識や設置する大学等に
　　関する識見等について，経験については，例えば，学校法人の役員や教員等の経
　　歴等について記載すること。

様式第10号その1（第12条関係）

資 金 収 支 予 算 決 算 総 括 表

(用紙 日本産業規格A4横型)

（収入の部）
（単位 千円）

科　目	年　度 法人全体	年度 法人全体	開設年度の前年度 法人全体	開　設　年　度 新設校分	開　設　年　度 法人全体	年　度 新設校分	年　度 法人全体	完　成　年　度 新設校分	完　成　年　度 法人全体
学生生徒等納付金収入									
手数料収入									
寄付金収入									
補助金収入									
資産売却収入									
付随事業・収益事業収入									
受取利息・配当金収入									
雑収入									
借入金等収入									
前受金収入									
その他の収入									
資金収入調整勘定									
前年度繰越支払資金									
収入の部合計									

（支出の部）
（単位 千円）

科　目	年　度 法人全体	年度 法人全体	開設年度の前年度 法人全体	開　設　年　度 新設校分	開　設　年　度 法人全体	年　度 新設校分	年　度 法人全体	完　成　年　度 新設校分	完　成　年　度 法人全体
人件費支出									
教育研究経費支出									
管理経費支出									
借入金等利息支出									
借入金等返済支出									
施設関係支出									
設備関係支出									
資産運用支出									
その他の支出									
〔予備費〕									
資金支出調整勘定									
翌年度繰越支払資金									
支出の部合計									

（注）
1　開設年度の前々年度及び開設年度の初日の属する年の四月一日の属する三年前の年度から完成年度まで記入すること。
2　開設年度以降については、「新設校分」及び「法人全体」とに区分し、「法人全体」には、申請に係る大学、学部等に係る収支について記入すること。

40

様式第10号その2(第12条関係)

(用紙　日本産業規格A4横型)
(単位　千円)

事業活動収支予算決算総括表

科目		年度 法人全体	年度 法人全体	開設年度の前年度 法人全体	年度 法人全体	開設年度 法人全体	開設年度 新設校分	年度 法人全体	完成年度 新設校分	法人全体
教育活動収支	収入	学生生徒等納付金								
		手数料								
		寄付金								
		経常費等補助金								
		付随事業収入								
		雑収入								
		教育活動収入計								
	支出	人件費								
		教育研究経費								
		管理経費								
		徴収不能額等								
		教育活動支出計								
		教育活動収支差額								
教育活動外収支	収入	受取利息・配当金								
		その他の教育活動外収入								
		教育活動外収入計								
	支出	借入金等利息								
		その他の教育活動外支出								
		教育活動外支出計								
		教育活動外収支差額								
		経常収支差額								
特別収支	収入	資産売却差額								
		その他の特別収入								
		特別収入計								
	支出	資産処分差額								
		その他の特別支出								
		特別支出計								
		特別収支差額								
〔予備費〕										
基本金組入前当年度収支差額										
基本金組入額合計										
当年度収支差額										
前年度繰越収支差額										
基本金取崩額										
翌年度繰越収支差額										

(参考)
事業活動収入計	
事業活動支出計	

(注)
1　開設年度の初日の属する年の三年前の年の四月一日の属する年度から完成年度まで記入すること。「新設校分」及び「法人全体」とに区分し、「新設校分」については、申請に係る大学、学部等に係る収支について記入すること。
2　開設年度以降については、開設年度ごとに記入すること。

様式第10号その3（第12条関係）

（用紙　日本産業規格A4横型）

学生納付金内訳表

（単位　円）

学校名	学年	入学金	授業料		合計	入学検定料
既設校（開設年度の前年度） 〇〇大学 （〇〇学部等）	1年次					
	2年次					
	3年次					
	4年次					
新設校 〇〇大学 （〇〇学部等）	1年次					
	2年次					
	3年次					
	4年次					

（注）
1　学校法人が学生に納付させているすべての納付金について、1人当たり年額を種類別に記入すること。
2　「既設校」の欄には、当該学校法人が設置する大学（大学院を含む）、短期大学又は高等専門学校の開設年度の前年度について記入し、学部若しくは学科又は学年等により納付金額が異なる場合には、それぞれ区分して記入すること。
3　「新設校」の2年次以降の欄には、開設年度の入学者が納付することとなる額を記入すること。

様式第10号その4（第12条関係）

（用紙　日本産業規格A4横型）

専任教員等給与内訳表

(1) 教員給与

	学長	本給平均					賞与平均（支給率）	諸手当平均	給与総額
		教授	准教授	講師	助教	助手			
既設校 ○○大学	円	円（　人）	円（　人）	円（　人）	円（　人）	円（　人）	円（　人）	円	千円（計　人）
新設校 ○○大学（○○学部等）	円	円（　人）	円（　人）	円（　人）	円（　人）	円（　人）	円（　人）	円	千円（計　人）

(2) 職員給与（開設年度の前年度分）

本給平均				賞与平均（支給率）	諸手当平均	給与総額
部局長相当	課長相当	事務職員	その他の職員			
円（　人）	円（　人）	円（　人）	円（　人）	円（　か月）	円	円（計　人）

(3) 役員報酬（開設年度の前年度分）

本給平均				賞与平均（支給率）	諸手当平均	給与総額
理事長	常務理事	その他の理事	監事			
円	円（　人）	円（　人）	円（　人）	円（　か月）	円	円（計　人）

（注）
1　各表の「本給平均」、「賞与平均」及び「諸手当平均」の項には、1人当たりの平均額を記入し、括弧内には教員又は役員数を記入すること。
2　「賞与平均」の項には、本給及び賞与以外のすべての給与の1人当たりの平均年額を記入すること。
3　「(1)教員給与」の表中、「既設校」の欄には、当該学校法人が設置する大学、短期大学又は高等専門学校ごとにそれぞれ開設年度の前年度の給与を記入し、「新設校」の欄には、申請に係る大学、学部等の教員の開設年度の前年度の給与を記入すること。
4　法人新設の場合には、それぞれ開設年度の給与を記入すること。

4
幼児教育・保育と高等教育の
無償化制度

1 子ども・子育て支援新制度

(1) 概要

　子ども・子育て支援新制度とは，平成24年8月に成立した「子ども・子育て支援法」，「認定こども園法の一部改正」，「子ども・子育て支援法及び認定こども園の一部改正法の施行に伴う関係法律の整備等に関する法律」の子ども・子育て3法のことをいい，平成27年から開始されました。

　新制度の意義としては，①待機児童の解消，②幼児教育の機会の保障，③地域の実情に応じた子育て支援の展開などにあり，ポイントとしては以下のとおりです。

① 認定こども園・幼稚園・保育所を通じた共通の給付の創設

　ここで，共通の給付として，「施設型給付」と「地域型保育給付」とがあり，地域型保育給付は，都市部における待機児童解消とともに，子ども数が減少傾向にある地域における保育機能の確保に対応します。

② 認定こども園制度の改善

　認定こども園とは，教育・保育を一体的に行う施設で，このうち，認可幼稚園と認可保育所とが連携して行う「幼保連携型」のものについては，認可・指導監督を一本化し，学校及び児童福祉施設として法的に位置づけ，さらに認定こども園の財政措置が，「施設給付型」に一本化されました。

③ 地域子ども・子育て支援事業の充実

　教育・保育施設を利用する子どもの家庭だけでなく，在宅の子育て家庭を含む全ての家庭及び子供を対象とする事業として，市町村が地域の実情に応じて

実施します。

④　市町村が実施主体

　国・都道府県は，実施主体の市町村を支え，市町村が地域のニーズに基づき計画策定・給付・事業を実施します。

⑤　その他

　社会全体による費用負担をし，内閣府に子ども・子育て本部を設置し，国に子ども・子育て会議が設置されました。

　以上をまとめると，次のようになります。

市町村主体			国主体
子どものための 教育・保育給付	子育てのための 施設等利用給付	地域子ども・ 子育て支援事業	仕事・子育て 両立支援事業
認定こども園・幼稚園・保育所・小規模保育等に係る共通の財政支援	新制度の対象とならない幼稚園，認可外保育施設，預かり保育等の利用に係る支援	地域の実情に応じた 子育て支援	仕事と子育ての 両立支援
施設型給付費 認定こども園 0〜5歳 **幼保連携型** ※幼保連携型については，認可・指導監督の一本化，学校及び児童福祉施設としての法的位置づけを与える等，制度改善を実施 幼稚園型／保育所型／地方裁量型 幼稚園 3〜5歳／保育所 0〜5歳 ※私立保育所については，児童福祉法第24条により市町村が保育の実施義務を担うことに基づく措置として，委託費を支弁 **地域型保育給付費** 小規模保育，家庭的保育，居宅訪問型保育，事業所内保育	**施設等利用費** 新制度の対象とならない幼稚園 特別支援学校 預かり保育事業 認可外保育施設等 ・認可外保育施設 ・一時預かり事業 ・病児保育事業 ・子育て援助活動支援事業（ファミリー・サポート・センター事業） ※認定こども園（国立・公立大学法人立）も対象	①利用者支援事業 ②延長保育事業 ③実費徴収に係る補足給付を行う事業 ④多様な事業者の参入促進・能力活用事業 ⑤放課後児童健全育成事業 ⑥子育て短期支援事業 ⑦乳児家庭全戸訪問事業 ⑧養育支援訪問事業・子どもを守る地域ネットワーク機能強化事業 ⑨地域子育て支援拠点事業 ⑩一時預かり事業 ⑪病児保育事業 ⑫子育て援助活動支援事業（ファミリー・サポートセンター事業） ⑬妊婦健診	・企業主導型保育事業 →事業所内保育を主軸とした企業主導型の多様な就労形態に対応した保育サービスの拡大を支援（整備費，運営費の助成） ・企業主導型ベビーシッター利用者支援事業 →繁忙期の残業や夜勤等の多様な働き方をしている労働者が，低廉な価格でベビーシッター派遣サービスを利用できるよう支援 ・子ども・子育て支援に積極的な中小企業に対する助成事業（仮称） →くるみん認定を活用し，育児休業等取得に積極的に取り組む中小企業を支援

（出典：子ども・子育て支援新制度について，令和3年6月，内閣府子ども・子育て本部）

さて，子ども・子育て支援法では，教育・保育を利用する子どもについて，次の3つの区分が設けられ，これにより施設型給付（利用者個人の給付を施設が代理受領する仕組み）などが行われます。

認定区分	対象	利用できる施設	施設利用時間
1号認定	満3歳以上の教育を希望する子ども，あるいは2号認定以外の子ども。	幼稚園，認定こども園	1日4時間（標準時間認定）
2号認定	保育を必要とする3歳以上の子ども。	保育所，認定こども園	1日最長11時間（保育標準時間） 1日最長8時間（保育短時間）
3号認定	保育を必要とする3歳未満の子ども。	保育所，認定こども園，地域型保育	1日最長11時間（保育標準時間） 1日最長8時間（保育短時間）

(2) 幼稚園・保育所の選択肢

幼稚園については，次の3つの選択ができます。

① 私学助成の継続（未移行幼稚園）

② 幼稚園のまま，施設型給付を受ける移行幼稚園への移行

③ 認定こども園への移行

また，保育所についても，例えば，保育所認定こども園などへの移行も可能ですが，ここはあまり進んでいるとはいえません。

新制度における幼稚園の選択肢については，以下の表のとおりです。

		位置付け・役割	施設の認可・指導監督等（認可）	（確認）	財政措置	選考・保育料等の取扱い
新制度	「施設型給付」を受ける認定こども園（幼保連携型）（幼稚園型）	○学校教育と保育を提供する機関（幼保連携型）：学校と児童福祉施設の位置付け（幼稚園型）：保育機能を認定 ○市町村計画で把握された「教育・保育ニーズ」に対応	○幼保連携型都道府県・指定都市・中核市が，認可・指導監督 ○幼稚園型都道府県が認可・認定・指導監督 ※新制度において，認可・指導監督等の一本化，給付の共通化を行うことにより，幼保連携型認定こども園の二重行政を解消 ※認可等の際，都道府県は実施主体である市町村との協議を行う	○幼保連携型・幼稚園型共通「給付の支給対象施設」として，市町村が確認・指導監督	○「保育の必要性」の認定を受けた利用者：「保育時間」に対応する「施設型給付」（※2）○その他の利用者：「標準時間」に対応する「施設型給付」（※2）○私学助成（特別補助等）（※3）	○応諾義務 ＊「正当な理由」がある場合を除く ○保育料ゼロ ＊教育・保育の質の向上に必要な対価（上乗せ徴収）の徴収可能（保護者から文章での同意が必要）＊物品購入費，行事費，給食費，通園送迎費の徴収可能（保護者からの同意が必要）
	「施設型給付」を受ける幼稚園	○学校教育を提供する機関 ○市町村計画で把握された「教育ニーズ」に対応	○都道府県が認可・指導監督	○「給付の支給対象施設」として，市町村が確認・指導監督	○「標準時間」に対応する「施設型給付」（※2）○私学助成（特別補助等）（※3）	
従来どおり	「施設型給付」を受けない幼稚園（※1）	○学校教育を提供する機関	○都道府県が認可・指導監督	○「給付の支給対象施設」として，市町村が確認・指導監督	○「施設等利用給付」（※2）○私学助成（一般補助・特別補助）	○建学の精神に基づく選考 ○利用者負担は設置者が設定

（※1） 従来の私立幼稚園は，別段の申出を行わない限り「施設型給付」の対象として市町村から確認を受けたものとみなされている。

（※2） 「施設型給付」「施設等利用給付」は国等が義務的に支出しなければならない経費であり，消費税財源が充当される。

（※3） 特別支援教育や特色ある幼児教育の取組等に対する補助を実施。

（出典：子ども・子育て支援新制度について，令和3年6月，内閣府子ども・子育て本部）

⑶ 認定こども園

認定こども園については，前出の幼保連携型以外に以下のものがあります。

まず，認可幼稚園が保育を必要とする子どものための保育時間を確保するなど保育所的機能を備えた「幼稚園型」で，その法的性格は学校といえます。

次に，認可保育園が，学校教育としての幼児教育など幼稚園的機能を備えた「保育所型」で，その法的性格は児童福祉施設といえます。

最後に，幼稚園・保育所いずれの認可もない地域の教育・保育施設が，認定こども園としての必要な機能を果たす「地方裁量型」です。

実際に多いのは，幼保連携型の認定こども園となっています。

⑷ 企業主導型保育所

企業主導型保育所は，子育てと仕事の両立支援のもと，企業負担により財源がなされている施設です。

企業主導型保育事業は，学校教育などとは異なり，現存の法律などにその会計処理が定められていませんが，平成30年度企業主導型保育事業指導・監督基準によれば，社会福祉法人会計基準と同等の処理が求められていると考えられます。

② 幼児教育・保育の無償化制度

⑴ 概要

幼児教育・保育の無償化は，令和元年10月より実施され，対象は，原則3歳から5歳までの子どもですが，住民税非課税世帯の場合0～2歳児でも一部施設を無償利用できます。

対象施設は，国立・公立・私立の区別はなく，また，住んでいる市区町村以外のものなども利用可能です。

(2) 無償化の内容

　対象施設・事業としては，①幼稚園，②認可保育所，③認定こども園，④地域型保育，⑤企業主導型保育の5つがあり，また，前出の「教育保育の認定区分」の他，次の「施設等利用の認定区分」という概念があります。

認定区分	対象	利用できる施設	保育無償化限度
新1号認定	満3歳以上～小学校就学前子どもで，第2号認定，第3号認定以外の者	未移行幼稚園(E)特別支援学校(F)	無償化対象外
新2号認定	・クラス年齢3歳以上小学校就学前子ども・保育の必要性	移行幼稚園(A)，認定こども園(B)，未移行幼稚園(E)，特別支援学校(F)……（満3歳入園児は新3号，3歳クラスからは新2号）	月11,300円
新3号認定	・クラス年齢2歳以下の小学校就学前の子どもで住民税非課税世帯の子ども・保育の必要性	認可外保育施設(G)，預かり保育事業(G)，一時預かり事業(G)，病児保育事業(G)，ファミリーサポートセンター(G)……（2歳児まで新3号，3歳児クラスからは新2号）	月16,300円

　以上のことを，施設・事業，認定区分，対象年齢，無償化対象の区分別にまとめると以下の表のようになります。

	施設／事業	保育の必要性の認定区分	対象年齢	無償化対象
無償	幼稚園（子ども・子育て支援新制度対象）	1号認定	3～5歳児クラス	利用費
	認可保育所	2号認定^(注1)		
	認定こども園	1～2号認定^(注1)		
	地域型保育			
	企業主導型保育	（認定なし）		

（注1）　0～2歳児クラスを有償で利用する際は，3号認定の取得が必要です。

施設／事業		保育の必要性の認定区分	対象年齢	無償化対象
幼稚園（子ども・子育て支援新制度対象）		新1号認定 [注2]	3〜5歳児クラス	月額2.57万円まで補助。
幼稚園の預かり保育		新2号認定 [注2]		最大月1.13万円まで補助。
認可外保育施設等	認可外保育所	新2号認定 [注2]	3歳の誕生日以降	月額3.7万円まで補助。
	一時預かり事業			（認可外保育所の利用費と併せて）月額3.7万円まで補助。
	ファミリー・サポート・センター事業			
	病児保育			
	ベビーシッター			

（左端縦書き：上限額付補助）

(注2) 無償化の制度を利用する場合は保育認定が必要。
施設・事業の利用自体は認定なしでも可能。

(3) 実費徴収費用

　これまで保護者の負担となっていた，日用品費，スクールバス費，食材料費などの費用については，そのまま保護者の負担になります。

③ 高等教育の無償化

(1) 私立高校授業料の実質無償化

　従来，高校に通う子どもがいる年収910万円未満の世帯については，公立授業料相当分の年間118,800円の就学支援金が助成されていましたが，令和元年4月より，以下の表のとおり，年収590万円未満の世帯を対象として，就学支援金の上限を私立高校授業料の全国平均額396,000円に引き上げました。

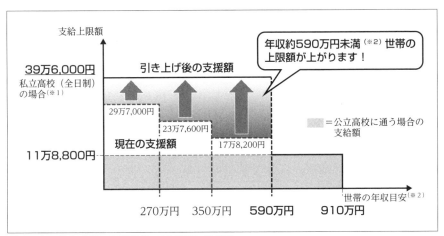

（※1）　私立高校（通信制）は29万7,000円，
　　　　国公立の高等専門学校（1〜3年）は23万4,600円が支給上限額。
（※2）　両親・高校生・中学生の4人家族で，両親の一方が働いている場合の目安。
　　　　　　　　　　　　　　　　　　　　　　　　（出典：文部科学省ホームページ）

(2) 高等教育の修学支援新制度

　政府は，平成29年12月の「新しい経済政策パッケージ」，平成30年6月の「経済財政運営と改革の基本方針2018」において，子どもたちの進学支援のため，授業料や入学金の免除又は減額と，返還不要の給付型奨学金の大幅拡充により，消費税率10%引上げによる増収分の一部を財源として，大学，短期大学，高等専門学校，専門学校を無償化することとしました。

　この制度は，令和2年4月より実施され，概要は以下の表のとおりです。

【支援対象となる学校種】大学・短期大学・高等専門学校・専門学校
【支援内容】①授業料等減免制度の創設　②給付型奨学金の支給の拡充
【支援対象となる学生】住民税非課税世帯　及び　それに準ずる世帯の学生
【財源】少子化に対処するための施策として，消費税率引上げによる財源を活用
　　　　国負担分は社会保障関係費として内閣府に予算計上，文科省で執行

令和３年度予算額　4,804億円

授業料等減免　2,463億円※
給付型奨学金　2,341億円

※公立大学等及び私立専門
　学校に係る地方負担分
　（404億円）は含まない。

国・地方の所要額　5,208億円

授業料等減免
○　各大学等が，以下の上限額まで授業料等の減免を実施。
　　減免に要する費用を公費から支出

（授業料等減免の上限額（年額）（住民税非課税世帯））

	国公立		私立	
	入学金	授業料	入学金	授業料
大学	約28万円	約54万円	約26万円	約70万円
短期大学	約17万円	約39万円	約25万円	約62万円
高等専門学校	約8万円	約23万円	約13万円	約70万円
専門学校	約7万円	約17万円	約16万円	約59万円

給付型奨学金
○　日本学生支援機構が各学生に支給
○　学生が学業に専念するため，学生生活を送るのに必要な
　　学生生活費を賄えるよう措置

（給付型奨学金の給付額（年額）（住民税非課税世帯））

国公立　大学・短期大学・専門学校	自宅生 約35万円， 自宅外生 約80万円
国公立　高等専門学校	自宅生 約21万円， 自宅外生 約41万円
私立　大学・短期大学・専門学校	自宅生 約46万円， 自宅外生 約91万円
私立　高等専門学校	自宅生 約32万円， 自宅外生 約52万円

住民税非課税世帯に準ずる世帯の学生
住民税非課税世帯の学生の２／３又は１／３を
支援し，支援額の段差を滑らかに

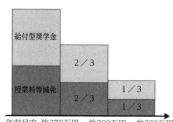

（両親・本人・中学生の家族４人世帯の場合の目安。
基準を満たす世帯年収は家族構成により異なる）

支援対象者の要件
○　進学前は成績だけで否定的な判断をせず，レ
　　ポート等で本人の学習意欲を確認
○　大学等への進学後の学修状況に厳しい要件

大学等の要件：国または自治体による要件確認
　　　　　　　　を受けた大学等が対象
○　学問追究と実践的教育のバランスが取れた大
　　学等
○　経営に課題のある法人の設置する大学等は対
　　象外

（出典：文部科学省ホームページ）

　さて，新制度では，高校生か大学生かにより手続は大きく異なり，世帯収入
などの要件により支援対象や内容も異なってきます。

　また，減免の範囲についても，授業料や入学金と別に徴収されている施設整
備費などは含まれないことに注意してください。

II

学校法人会計

1

学校法人会計基準

① 概　要

　学校法人は，原則として「学校法人会計基準」に基づき会計処理を行い，計算書類を作成しなければなりません。すなわち，「学校法人会計基準」とは，学校法人会計の拠り所となる基準をいいます。

　学校法人会計基準が適用される学校法人等とは，具体的には，以下のものがあります。

　①　私立学校振興助成法第4条第1項または第9条に規定する補助金の交付を受ける学校法人

　②　学校法人以外の私立学校で，私立学校振興助成法により助成を受けているもの

　③　私立学校振興助成法による助成を受けない学校法人及び準学校法人で，都道府県によって「学校法人会計基準」によって会計処理を行うことが義務づけられているもの

　なお，国立大学の会計処理は「国立大学法人会計基準」に従って処理され，内容は基本的に企業会計原則によります。ただ，国立大学法人の特性はその中に考慮されますが，財務諸表としては，①貸借対照表，②損益計算書，③キャッシュ・フロー計算書などを作成しています。

　次に，「学校法人会計基準」自体の概要を見てみますと，主に以下の6章に分かれています。

　第1章　総則
　第2章　資金収支計算及び資金収支計算書

第3章　事業活動収支計算及び事業活動収支計算書
第4章　貸借対照表
第5章　知事所轄学校法人に関する特例
第6章　幼保連携型認定こども園を設置する社会福祉法人に関する特例

　そして，決算との絡みでいえば，学校法人は，毎会計年度終了後2か月以内に貸借対照表及び収支計算書（資金収支計算書及び事業活動収支計算書）を作成しなければならず，さらに，私立学校法の規定により財産目録を作成し，これらを事務所に備え置かなければなりません。

　また，学校法人の会計年度は，毎年3月末の1回となっています。

② 総　　　則

　学校法人会計基準の総則では，まず以下の4つの会計の原則が定められています。

　　①　真実性の原則
　　②　複式簿記の原則
　　③　明瞭性の原則
　　④　継続性の原則

　さらに，上記4つの一般原則の他，総額表示の原則も総則に記載されています。

　次に，主たる計算書類とそれらの附属明細表（内訳表）としては，以下のものが掲げられています。

主たる計算書類	附属明細表（内訳表）
資金収支計算書	資金収支内訳表 人件費支出内訳表 活動区分資金収支計算書
事業活動収支計算書	事業活動収支内訳表
貸借対照表	固定資産明細表 借入金明細表 基本金明細表

　また，収益事業会計については，一般に公正妥当と認められる企業会計の原則に従って行われ，学校法人会計とは別会計として処理されます。

③　資金収支計算及び資金収支計算書

　資金収支計算の目的としては，学校法人の当該会計年度の諸活動に対応する全ての収入及び支出の内容並びに当該会計年度における支払資金の収入及び支出のてん末を明らかにすることとされています。

　ここで支払資金とは，現金及びいつでも引き出すことができる預貯金をいいます。

　そして，この支払資金のてん末を明らかにしたものが，資金収支計算書であり，資金収支計算書及びこれに附属する内訳表のひな型は以下のとおりです。

資 金 収 支 計 算 書

年　月　日から
年　月　日まで

（単位　円）

収入の部			
科　　　　　　　目	予　算	決　算	差　異
学生生徒等納付金収入			
授業料収入			
入学金収入			
実験実習料収入			
施設設備資金収入			
（何）			
手数料収入			
入学検定料収入			
試験料収入			
証明手数料収入			
（何）			
寄付金収入			
特別寄付金収入			
一般寄付金収入			
補助金収入			
国庫補助金収入			
地方公共団体補助金収入			
（何）			
資産売却収入			
施設売却収入			
設備売却収入			
有価証券売却収入			
（何）			
付随事業・収益事業収入			
補助活動収入			
附属事業収入			
受託事業収入			
収益事業収入			

（何）			
受取利息・配当金収入			
第3号基本金引当特定資産運用収入			
その他の受取利息・配当金収入			
雑収入			
施設設備利用料収入			
廃品売却収入			
（何）			
借入金等収入			
長期借入金収入			
短期借入金収入			
学校債収入			
前受金収入			
授業料前受金収入			
入学金前受金収入			
実験実習料前受金収入			
施設設備資金前受金収入			
（何）			
その他の収入			
第2号基本金引当特定資産取崩収入			
第3号基本金引当特定資産取崩収入			
（何）引当特定資産取崩収入			
前期末未収入金収入			
貸付金回収収入			
預り金受入収入			
（何）			
資金収入調整勘定	△	△	
期末未収入金	△	△	
前期末前受金	△	△	
（何）	△	△	
前年度繰越支払資金			
収入の部合計			

支出の部			
科　　　　　　目	予　算	決　算	差　異
人件費支出			
教員人件費支出			
職員人件費支出			
役員報酬支出			
退職金支出			
（何）			
教育研究経費支出			
消耗品費支出			
光熱水費支出			
旅費交通費支出			
奨学費支出			
（何）			
管理経費支出			
消耗品費支出			
光熱水費支出			
旅費交通費支出			
（何）			
借入金等利息支出			
借入金利息支出			
学校債利息支出			
借入金等返済支出			
借入金返済支出			
学校債返済支出			
施設関係支出			
土地支出			
建物支出			
構築物支出			
建設仮勘定支出			
（何）			
設備関係支出			
教育研究用機器備品支出			
管理用機器備品支出			

図書支出			
車両支出			
ソフトウエア支出			
(何)			
資産運用支出			
有価証券購入支出			
第2号基本金引当特定資産繰入支出			
第3号基本金引当特定資産繰入支出			
(何)引当特定資産繰入支出			
収益事業元入金支出			
(何)			
その他の支出			
貸付金支払支出			
手形債務支払支出			
前期末未払金支払支出			
預り金支払支出			
前払金支払支出			
(何)			
〔予備費〕	( )		
資金支出調整勘定	△	△	
期末未払金	△	△	
前期末前払金	△	△	
(何)	△	△	
翌年度繰越支払資金			
支出の部合計			

(注) 1 この表に掲げる科目に計上すべき金額がない場合には、当該科目を省略する様式による
ものとする。

2 この表に掲げる科目以外の科目を設けている場合には、その科目を追加する様式による
ものとする。

3 予算の欄の予備費の項の（　）内には、予備費の使用額を記載し、（　）外には、未使
用額を記載する。予備費の使用額は、該当科目に振り替えて記載し、その振替科目及びそ
の金額を注記する。

資 金 収 支 内 訳 表

年　月　日から
年　月　日まで

収 入 の 部

（単位　円）

科　　目 ＼ 部　門	学校法人	(何)大学 （何）学部		計		(何)幼稚園	研究所	(何)病院		総額
学生生徒等納付金収入										
授業料収入										
入学金収入										
実験実習料収入										
施設設備資金収入										
（何）										
手数料収入										
入学検定料収入										
試験料収入										
証明手数料収入										
（何）										
寄付金収入										
特別寄付金収入										
一般寄付金収入										
補助金収入										
国庫補助金収入										
地方公共団体補助金収入										
（何）										
資産売却収入										
施設売却収入										
設備売却収入										
有価証券売却収入										
（何）										
付随事業・収益事業収入										
補助活動収入										
附属事業収入										

科　目						
受託事業収入			〜	〜		〜
収益事業収入			〜	〜		〜
（何）			〜	〜		〜
			〜	〜		〜
受取利息・配当金収入			〜	〜		〜
第３号基本金引当特定資産運用収入			〜	〜		〜
その他の受取利息・配当金収入			〜	〜		〜
			〜	〜		〜
雑収入			〜	〜		〜
施設設備利用料収入			〜	〜		〜
廃品売却収入			〜	〜		〜
（何）			〜	〜		〜
			〜	〜		〜
借入金等収入			〜	〜		〜
長期借入金収入			〜	〜		〜
短期借入金収入			〜	〜		〜
学校債収入			〜	〜		〜
			〜	〜		〜
計			〜	〜		〜

支　出　の　部

（単位　円）

科　目　　　　　　　　　部門	学校法人	(何)大学			(何)幼稚園	研究所 (何)病院	総額
		(何)学部		計			
人件費支出			〜	〜		〜	
教員人件費支出			〜	〜		〜	
職員人件費支出			〜	〜		〜	
役員報酬支出			〜	〜		〜	
退職金支出			〜	〜		〜	
（何）			〜	〜		〜	
			〜	〜		〜	
教育研究経費支出			〜	〜		〜	
消耗品費支出			〜	〜		〜	
光熱水費支出			〜	〜		〜	
旅費交通費支出			〜	〜		〜	
奨学費支出			〜	〜		〜	
（何）			〜	〜		〜	

管理経費支出			⌇	⌇		⌇	
消耗品費支出			⌇	⌇		⌇	
光熱水費支出			⌇	⌇		⌇	
旅費交通費支出			⌇	⌇		⌇	
（何）			⌇	⌇		⌇	
			⌇	⌇		⌇	
借入金等利息支出			⌇	⌇		⌇	
借入金利息支出			⌇	⌇		⌇	
学校債利息支出			⌇	⌇		⌇	
			⌇	⌇		⌇	
借入金等返済支出			⌇	⌇		⌇	
借入金返済支出			⌇	⌇		⌇	
学校債返済支出			⌇	⌇		⌇	
			⌇	⌇		⌇	
施設関係支出			⌇	⌇		⌇	
土地支出			⌇	⌇		⌇	
建物支出			⌇	⌇		⌇	
構築物支出			⌇	⌇		⌇	
建設仮勘定支出			⌇	⌇		⌇	
（何）			⌇	⌇		⌇	
			⌇	⌇		⌇	
設備関係支出			⌇	⌇		⌇	
教育研究用機器備品支出			⌇	⌇		⌇	
管理用機器備品支出			⌇	⌇		⌇	
図書支出			⌇	⌇		⌇	
車両支出			⌇	⌇		⌇	
ソフトウエア支出			⌇	⌇		⌇	
（何）			⌇	⌇		⌇	
			⌇	⌇		⌇	
計			⌇	⌇		⌇	

（注）　1　学校法人が現に有している部門のみを掲げる様式によるものとする。

　　　2　この表に掲げる科目に計上すべき金額がない場合には、当該科目を省略する様式による
　　　　ものとする。

　　　3　この表に掲げる科目以外の科目を設けている場合には、その科目を追加する様式による
　　　　ものとする。

　　　4　どの部門の収入又は支出であるか明らかでない収入又は支出は、教員数又は在学者数の
　　　　比率等を勘案して、合理的に各部門に配付する。

第三号様式（第14条関係）

人 件 費 支 出 内 訳 表

年　月　日から
年　月　日まで

（単位　円）

科　　目　＼　部　門	学校法人	(何)大学			〜	(何)幼稚園	研究所	(何)病院	〜	総額
		(何)学部		計						
教員人件費支出										
本務教員										
本俸										
期末手当										
その他の手当										
所定福利費										
（何）										
兼務教員										
職員人件費支出										
本務職員										
本俸										
期末手当										
その他の手当										
所定福利費										
（何）										
兼務職員										
役員報酬支出										
退職金支出										
教　員										
職　員										
（何）										
計										

（注）　1　学校法人が現に有している部門のみを掲げる様式によるものとする。

　　　　2　どの部門の支出であるか明らかでない人件費支出は、教員数又は職員数の比率等を勘案
　　　　して、合理的に各部門に配付する。

第四号様式（第14条の2関係）

活 動 区 分 資 金 収 支 計 算 書

年　月　日から
年　月　日まで

（単位　円）

		科　　　　目	金　　額
教育活動による資金収支	収入	学生生徒等納付金収入	
		手数料収入	
		特別寄付金収入	
		一般寄付金収入	
		経常費等補助金収入	
		付随事業収入	
		雑収入	
		（何）	
		教育活動資金収入計	
	支出	人件費支出	
		教育研究経費支出	
		管理経費支出	
		教育活動資金支出計	
		差引	
		調整勘定等	
	教育活動資金収支差額		
		科　　　　目	金　　額
施設整備等活動による資金収支	収入	施設設備寄付金収入	
		施設設備補助金収入	
		施設設備売却収入	
		第2号基本金引当特定資産取崩収入	
		（何）引当特定資産取崩収入	
		（何）	
		施設整備等活動資金収入計	
	支出	施設関係支出	
		設備関係支出	
		第2号基本金引当特定資産繰入支出	
		（何）引当特定資産繰入支出	
		（何）	
		施設整備等活動資金支出計	
		差引	
		調整勘定等	
	施設整備等活動資金収支差額		
	小計（教育活動資金収支差額＋施設整備等活動資金収支差額）		

66

科 目		金 額
その他の活動による資金収支	収入	借入金等収入	
		有価証券売却収入	
		第3号基本金引当特定資産取崩収入	
		(何)引当特定資産取崩収入	
		(何)	
		小計	
		受取利息・配当金収入	
		収益事業収入	
		(何)	
		その他の活動資金収入計	
	支出	借入金等返済支出	
		有価証券購入支出	
		第3号基本金引当特定資産繰入支出	
		(何)引当特定資産繰入支出	
		収益事業元入金支出	
		(何)	
		小計	
		借入金等利息支出	
		(何)	
		その他の活動資金支出計	
	差引		
	調整勘定等		
その他の活動資金収支差額		
支払資金の増減額（小計＋その他の活動資金収支差額）		
前年度繰越支払資金		
翌年度繰越支払資金		

(注)　1　この表に掲げる科目に計上すべき金額がない場合には、当該科目を省略する様式によるものとする。

　　　2　この表に掲げる科目以外の科目を設けている場合には、その科目を追加する様式によるものとする。

　　　3　調整勘定等の項には、活動区分ごとに、資金収支計算書の調整勘定（期末未収入金、前期末前受金、期末未払金、前期末前払金等）に調整勘定に関連する資金収入（前受金収入、前期末未収入金収入等）及び資金支出（前期末未払金支払支出、前払金支払支出等）を相互に加減した額を記載する。また、活動区分ごとの調整勘定等の加減の計算過程を注記する。

④ 事業活動収支計算及び事業活動収支計算書

　事業活動収支計算の目的は，毎会計年度の学校法人の３つの活動（①教育活動，②教育活動以外の経常的な活動，③それ以外の活動）に対応する事業活動収入及び事業活動支出の内容を明らかにするとともに，その年度の基本金組入額を控除したその会計年度の諸活動に対応する全ての事業活動収入及び事業活動支出の均衡を明らかにすることにあります。

　ここで，事業活動収入は，当該会計年度の学校法人の負債とならない収入を計算し，事業活動支出は，当該会計年度において消費する資産の取得価額及び用役の対価に基づいて計算します。

　そして，この３つの事業活動収入と事業活動支出を対比したものが，事業活動収支計算書であり，事業活動収支計算書及びこれに附属する事業活動収支内訳表のひな型は，以下のとおりです。

第五号様式（第23条関係）

事 業 活 動 収 支 計 算 書

年　　月　　日から
年　　月　　日まで

（単位　円）

		科　　　　目	予　　算	決　　算	差　　異
教育活動収支	事業活動収入の部	学生生徒等納付金			
		授業料			
		入学金			
		実験実習料			
		施設設備資金			
		（何）			
		手数料			
		入学検定料			
		試験料			
		証明手数料			
		（何）			
		寄付金			
		特別寄付金			
		一般寄付金			
		現物寄付			
		経常費等補助金			
		国庫補助金			
		地方公共団体補助金			
		（何）			
		付随事業収入			
		補助活動収入			
		附属事業収入			
		受託事業収入			
		（何）			
		雑収入			
		施設設備利用料			
		廃品売却収入			
		（何）			
		教育活動収入計			
		科　　　　目	予　　算	決　　算	差　　異
		人件費			
		教員人件費			
		職員人件費			

		科　　　　　目	予　　算	決　　算	差　　異
	事業活動支出の部	役員報酬			
		退職給与引当金繰入額			
		退職金			
		（何）			
		教育研究経費			
		消耗品費			
		光熱水費			
		旅費交通費			
		奨学費			
		減価償却額			
		（何）			
		管理経費			
		消耗品費			
		光熱水費			
		旅費交通費			
		減価償却額			
		（何）			
		徴収不能額等			
		徴収不能引当金繰入額			
		徴収不能額			
		教育活動支出計			
		教育活動収支差額			
教育活動外収支	事業活動収入の部	科　　　　　目	予　　算	決　　算	差　　異
		受取利息・配当金			
		第3号基本金引当特定資産運用収入			
		その他の受取利息・配当金			
		その他の教育活動外収入			
		収益事業収入			
		（何）			
		教育活動外収入計			
	事業活動支出の部	科　　　　　目	予　　算	決　　算	差　　異
		借入金等利息			
		借入金利息			
		学校債利息			
		その他の教育活動外支出			
		（何）			
		教育活動外支出計			
		教育活動外収支差額			
		経常収支差額			

	科目	予算	決算	差異
特別収支 — 事業活動収入の部	資産売却差額			
	（何）			
	その他の特別収入			
	施設設備寄付金			
	現物寄付			
	施設設備補助金			
	過年度修正額			
	（何）			
	特別収入計			

	科目	予算	決算	差異
事業活動支出の部	資産処分差額			
	（何）			
	その他の特別支出			
	災害損失			
	過年度修正額			
	（何）			
	特別支出計			
	特別収支差額			

科目	予算	決算	差異
〔予備費〕	（　　　）		
基本金組入前当年度収支差額			
基本金組入額合計	△	△	
当年度収支差額			
前年度繰越収支差額			
基本金取崩額			
翌年度繰越収支差額			

（参考）

科目			
事業活動収入計			
事業活動支出計			

（注）　1　この表に掲げる科目に計上すべき金額がない場合には、当該科目を省略する様式による
　　　　　ものとする。
　　　2　この表に掲げる科目以外の科目を設けている場合には、その科目を追加する様式による
　　　　　ものとする。
　　　3　予算の欄の予備費の項の（　）内には、予備費の使用額を記載し、（　）外には、未使
　　　　　用額を記載する。予備費の使用額は、該当科目に振り替えて記載し、その振替科目及びそ
　　　　　の金額を注記する。

事 業 活 動 収 支 内 訳 表

年　月　日から
年　月　日まで

（単位　円）

科　目		部　門　学校法人	(何)大学	〜	(何)幼稚園	研究所	(何)病院	〜	総額
教育活動収支	事業活動収入の部	学生生徒等納付金							
		授業料							
		入学金							
		実験実習料							
		施設設備資金							
		(何)							
		手数料							
		入学検定料							
		試験料							
		証明手数料							
		(何)							
		寄付金							
		特別寄付金							
		一般寄付金							
		現物寄付							
		経常費等補助金							
		国庫補助金							
		地方公共団体補助金							
		(何)							
		付随事業収入							
		補助活動収入							
		附属事業収入							
		受託事業収入							
		(何)							
		雑収入							
		施設設備利用料							
		廃品売却収入							
		(何)							
		教育活動収入計							
		人件費							
		教員人件費							
		職員人件費							
		役員報酬							
		退職給与引当金繰入額							
		退職金							

事業活動支出の部	（何）											
	教育研究経費											
	消耗品費											
	光熱水費											
	旅費交通費											
	奨学費											
	減価償却額											
	（何）											
	管理経費											
	消耗品費											
	光熱水費											
	旅費交通費											
	減価償却額											
	（何）											
	徴収不能額等											
	徴収不能引当金繰入額											
	徴収不能額											
	教育活動支出計											
	教育活動収支差額											
教育活動外収支	事業活動収入の部	受取利息・配当金										
		第３号基本金引当特定資産運用収入										
		その他の受取利息・配当金										
		その他の教育活動外収入										
		収益事業収入										
		（何）										
		教育活動外収入計										
	事業活動支出の部	借入金等利息										
		借入金利息										
		学校債利息										
		その他の教育活動外支出										
		（何）										
		教育活動外支出計										
	教育活動外収支差額											
	経常収支差額											
事業活動収入の部	資産売却差額											
	（何）											
	その他の特別収入											
	施設設備寄付金											
	現物寄付											
	施設設備補助金											
	過年度修正額											

	項目								
特別収支	（何）								
	特別収入計								
事業活動支出の部	資産処分差額								
	（何）								
	その他の特別支出								
	災害損失								
	過年度修正額								
	（何）								
	特別支出計								
	特別収支差額								
基本金組入前当年度収支差額									
基本金組入額合計		△	△	△	△	△	△	△	△
当年度収支差額									
（参考）									
事業活動収入計									
事業活動支出計									

（注）　1　学校法人が現に有している部門のみを掲げる様式によるものとする。

　　　　2　この表に掲げる科目に計上すべき金額がない場合には、当該科目を省略する様式による
　　　　　ものとする。

　　　　3　この表に掲げる科目以外の科目を設けている場合には、その科目を追加する様式による
　　　　　ものとする。

　　　　4　どの部門の事業活動収入又は事業活動支出であるか明らかでない事業活動収入又は事業
　　　　　活動支出は、教員数又は在籍者数の比率等を勘案して、合理的に各部門に配付する。

⑤ 貸借対照表

貸借対照表とは，学校法人の資産・負債・基本金・消費収支差額を明示している表といえます。

そして，貸借対照表作成上の留意事項としては，①資産は取得価額をもって評価すること，②一定の固定資産について，定額法により減価償却すること，③一定の有価証券について評価換えすること，④一定の金銭債権について，徴収不能額の引当てをすることなどが挙げられます。

貸借対照表及びこれに附属する明細表のひな型は，以下のとおりです。

貸 借 対 照 表

年　月　日

（単位　円）

資産の部			
科目	本年度末	前年度末	増　減
固定資産			
有形固定資産			
土地			
建物			
構築物			
教育研究用機器備品			
管理用機器備品			
図書			
車両			
建設仮勘定			
（何）			
特定資産			
第2号基本金引当特定資産			
第3号基本金引当特定資産			
（何）引当特定資産			
その他の固定資産			
借地権			
電話加入権			
施設利用権			
ソフトウエア			
有価証券			
収益事業元入金			
長期貸付金			
（何）			
流動資産			
現金預金			
未収入金			
貯蔵品			
短期貸付金			
有価証券			
（何）			
資産の部合計			

負債の部			
科目	本年度末	前年度末	増　　減
固定負債			
長期借入金			
学校債			
長期未払金			
退職給与引当金			
(何)			
流動負債			
短期借入金			
1年以内償還予定学校債			
手形債務			
未払金			
前受金			
預り金			
(何)			
負債の部合計			

純資産の部			
科目	本年度末	前年度末	増　　減
基本金			
第1号基本金			
第2号基本金			
第3号基本金			
第4号基本金			
繰越収支差額			
翌年度繰越収支差額			
純資産の部合計			
負債及び純資産の部合計			

注記　重要な会計方針

　　　重要な会計方針の変更等

　　　減価償却額の累計額の合計額

　　　徴収不能引当金の合計額

　　　担保に供されている資産の種類及び額

　　　翌年度以後の会計年度において基本金への組入れを行うこととなる金額

　　　当該会計年度の末日において第4号基本金に相当する資金を有していない場合のその旨と対策

　　　その他財政及び経営の状況を正確に判断するために必要な事項

(注)　1　この表に掲げる科目に計上すべき金額がない場合には、当該科目を省略する様式によるものとする。

　　　2　この表に掲げる科目以外の科目を設けている場合には、その科目を追加する様式によるものとする。

第八号様式（第36条関係）

固 定 資 産 明 細 表

年　月　日から
年　月　日まで

（単位　円）

科　　　目		期首残高	当期増加額	当期減少額	期末残高	減価償却額の累計額	差引期末残高	摘　　要
有形固定資産	土地							
	建物							
	構築物							
	教育研究用機器備品							
	管理用機器備品							
	図書							
	車両							
	建設仮勘定							
	（何）							
	計							
特定資産	第2号基本金引当特定資産							
	第3号基本金引当特定資産							
	（何）引当特定資産							
	計							
その他の固定資産	借地権							
	電話加入権							
	施設利用権			・				
	ソフトウエア							
	有価証券							
	収益事業元入金							
	長期貸付金							
	（何）							
	計							
合　　　　計								

（注）　1　この表に掲げる科目に計上すべき金額がない場合には、当該科目を省略する様式によるものとする。

　　　　2　この表に掲げる科目以外の科目を設けている場合には、その科目を追加する様式によるものとする。

　　　　3　期末残高から減価償却額の累計額を控除した残高を差引期末残高の欄に記載する。

　　　　4　贈与、災害による廃棄その他特殊な事由による増加若しくは減少があった場合又は同一科目について資産総額の1／100に相当する金額（その額が3,000万円を超える場合には、3,000万円）を超える額の増加若しくは減少があった場合には、それぞれその事由を摘要の欄に記載する。

78

第九号様式（第36条関係）

借　入　金　明　細　表

　　年　月　日から
　　年　月　日まで

（単位　円）

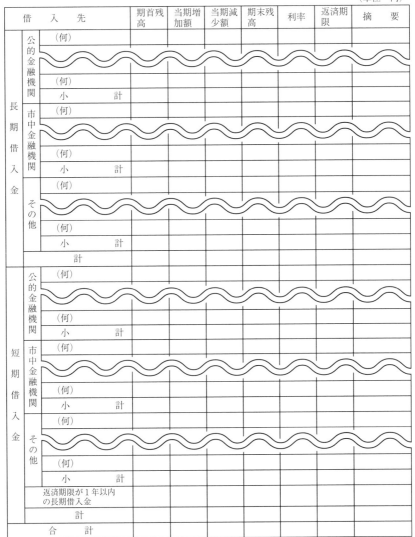

借　入　先		期首残高	当期増加額	当期減少額	期末残高	利率	返済期限	摘　要
長期借入金	公的金融機関 （何）							
	市中金融機関 （何）							
	その他 （何）							
	小　計							
	計							
短期借入金	公的金融機関 （何）							
	市中金融機関 （何）							
	その他 （何）							
	小　計							
	返済期限が１年以内の長期借入金							
	計							
合　計								

（注）　1　摘要の欄には、借入金の使途及び担保物件の種類を記載する。

　　　　2　同一の借入先について複数の契約口数がある場合には、借入先別に一括し、利率、返済
　　　期限、借入金の使途及び担保物件の種類について要約して記載することができる。

第十号様式（第36条関係）

基 本 金 明 細 表

年　月　日から
年　月　日まで

（単位　円）

事　　項	要組入高	組　入　高	未組入高	摘　　要
第1号基本金				
前期繰越高				
当期組入高				
（何）				
計				
当期取崩高				
（何）	△	△		
計	△	△		
当期末残高				
第2号基本金				
前期繰越高	———		———	
当期組入高	———			
（何）	———		———	
計	———		———	
当期取崩高				
（何）	———	△		
計	———	△		
当期末残高	———		———	
第3号基本金				
前期繰越高	———		———	
当期組入高			———	
（何）	———		———	
計	———		———	
当期取崩高				
（何）	———	△		
計	———	△	———	
当期末残高	———		———	
第4号基本金				
前期繰越高				
当期組入高				

当期取崩高	△	△		
当期末残高				
合　　　計				
前期繰越高	———			
当期組入高	———			
当期取崩高	———	△		
当期末残高	———			

(注) 1　この表に掲げる事項に計上すべき金額がない場合には、当該事項を省略する様式によるものとする。

　　　2　当期組入高及び当期取崩高については、組入れ及び取崩しの原因となる事実ごとに記載する。ただし、第3号基本金以外の基本金については、当期組入れの原因となる事実に係る金額の合計額が前期繰越高の100分の1に相当する金額（その金額が、3,000万円を超える場合には、3,000万円）を超えない場合には、資産の種類等により一括して記載することができる。

　　　3　要組入高の欄には、第1号基本金にあつては取得した固定資産の価額に相当する金額を、第4号基本金にあつては第30条第1項第4号の規定により文部科学大臣が定めた額を記載する。

　　　4　未組入高の欄には、要組入高から組入高を減じた額を記載する。

備考

　　　第2号基本金及び第3号基本金については、この表の付表として、基本金の組入れに係る計画等を記載した表を次の様式に従い作成し、添付するものとする。

様式第一の一

第２号基本金の組入れに係る計画集計表

（単位　円）

番号	計画の名称	第２号基本金当期末残高
	計	

（注）計画が1件のみの場合は本表の作成を要しない。

様式第一の二

第　２　号　基　本　金　の　組　入　れ　に　係　る　計　画　表

番号：　　　　　　　　　　　　　　　　　　　　　　　　　　　　（単位　円）

計画の名称					
固定資産の取得計画及び基本金組入計画の決定機関及び決定年月日	決定機関	当初決定の年月日	変更決定の年月日	摘　　要	

固定資産の取得計画及びその実行状況	取得予定固定資産（種類）	取得予定年度	取得年度	取得額	第２号基本金から第１号基本金への振替額	摘　要
			計	計	

基本金組入計画及びその実行状況	組入計画年度	組入予定額	組入額	摘　　要	
	計	計	第２号基本金当期末残高	

（注）１．取得予定固定資産の所要見込総額を、当該摘要の欄に記載する。

　　　２．組入予定額及び組入額は、組入計画年度ごとに記載する。

様式第二の一

第3号基本金の組入れに係る計画集計表

（単位　円）

番号	基金の名称	第3号基本金引当特定資産運用収入	第3号基本金当期末残高
	計		

（注）計画が1件のみの場合は本表の作成を要しない。

様式第二の二

第 3 号 基 本 金 の 組 入 れ に 係 る 計 画 表

番号：　　　　　　　　　　　　　　　　　　　　　　　　　　　　　　（単位　円）

基金の名称（目的）				
基金の設定計画及び基本金組入計画の決定機関及び決定年月日	決定機関	当初決定の年月日	変更決定の年月日	摘　　要
基金を運用して行う事業				

基本金組入計画及びその実行状況	組入目標額			
	組入計画年度	組入予定額	組入額	摘　　要
		計	計	

（注）1．この計画表は、組入額が組入目標額に達するまでの間、作成する。

　　　2．組入予定額及び組入額は、組入計画年度ごとに記載する。

様式第二の三

第 3 号 基 本 金 の 組 入 れ に 係 る 計 画 表

番号：　　　　　　　　　　　　　　　　　　　　　　　　　　　　　　（単位　円）

基金の名称	基金設定計画の当初決定の年月日	基金の期首額	運用果実の事業使用残額	特別寄付金の額	基金の期末額	摘　要

（注）　この計画表は、当年度の基本金組入額が、基金の運用果実の事業使用残額又は学校法人の

　　　募集によらない特別寄付金の額のみである場合に、様式第二の二に代えて作成することができる

　　　（ただし、当該基金の設定後初めて作成するときを除く。）。

⑥ 知事所轄学校法人に関する特例

　知事所轄学校法人に対しては，その規模が比較的小規模なことから，以下のような経理処理及び表示面での簡素化が図られています。

① 高等学校を設置する知事所轄学校法人
　　イ 活動区分資金収支計算書の省略
　　ロ 基本金組入れに係る特例
　　ハ 経費支出区分の省略
　　ニ 機器・備品支出区分の省略
　　ホ 内訳表の作成省略

② 高等学校を設置しない知事所轄学校法人
　　イ 徴収不能引当ての省略
　　ロ 基本金明細表の作成の省略
　　ハ 退職給与引当金の計上省略

③ 小規模学校法人
　　イ 会計処理の簡略化
　　ロ 帳簿組織等の簡略化

2

会計上の個別問題の検討

１　仕訳について

　学校法人会計上の仕訳については，企業会計と若干異なります。

　というのは，学校法人会計は，資金収支計算，消費収支計算，貸借対照表計算の３つから成り立っているため，通常１つの取引に対して２つの仕訳が必要となってくるからです。

　そして，このため学校法人会計においては，記帳の効率化の観点から合計転記が行われます。

　具体的な取引における仕訳例は，以下を参考にして下さい。

　なお，以下の略号を用います。

　　　資／収……資金収支計算書

　　　事／収……事業活動収支計算書

　　　Ｂ／Ｓ……貸借対照表

　また，便宜上取引は現金のみを媒介として行い，支払資金の範囲も現金のみとしております。

〔設　例〕

①　授業料￥10,000を現金で受け入れた。

　　（資／収）支　払　資　金　10,000　　（資／収）学生生徒等納付金収入　10,000

　　（Ｂ／Ｓ）現　　　　　金　10,000　　（事／収）学生生徒等納付金　10,000

②　別の生徒に対し授業料￥10,000のうち，成績優秀者に対し￥3,000減免し，返金した。

　　（資／収）支　払　資　金　10,000　　（事／収）学生生徒等納付金収入　10,000

（資／収）奨 学 費 支 出　3,000　　（資／収）支 払 資 金　3,000

（B／S）現　　　　　金　10,000　　（事／収）学生生徒等納付金　10,000

（事／収）奨　　学　　費　3,000　　（B／S）現　　　　　　金　3,000

③　前期に前受していた授業料￥10,000を当期になり振替えた。

　　（資／収）前 期 末 前 受 金　10,000　　（資／収）学生生徒等納付金収入　10,000

　　（B／S）前　　受　　金　10,000　　（事／収）学生生徒等納付金　10,000

④　生徒より図書￥300の現物寄付を受けた。

　　（B／S）図　　　　　　書　300　　（事／収）現 物 寄 付 金　300

⑤　補助金￥50,000の交付決定通知を受けたが，年度末までに入金はなかった。

　　（資／収）期 末 未 収 入 金　50,000　　（資／収）補 助 金 収 入　50,000

　　（B／S）未　収　入　金　50,000　　（事／収）補　　助　　金　50,000

⑥　簿価￥100,000の車両を￥70,000で売却した。

　　（B／S）現　　　　　金　70,000　　（B／S）車　　　　両　100,000

　　（事／収）資 産 売 却 差 額　30,000

⑦　職員の人件費￥600,000を現金で支出した。

　　（資／収）職員人件費支出　600,000　　（資／収）支 払 資 金　600,000

　　（事／収）職 員 人 件 費　600,000　　（B／S）現　　　　金　600,000

⑧　短期借入金の返済￥5,000と同時に利息￥100も支払った。

　　（資／収）短期借入金返済支出　5,000　　（資／収）支 払 資 金　5,100

　　（資／収）短期借入金利息支出　100

　　（B／S）短 期 借 入 金　5,000　　（B／S）現　　　　金　5,100

　　（事／収）短期借入金利息　100

⑨　退職給与に充てるため，特定資産として貸付信託￥20,000を設定した。

　　（資／収）退職給与引当特定
　　　　　　　資産への繰入支出　20,000　　（資／収）支 払 資 金　20,000

　　（B／S）退職給与引当特定資産　20,000　　（B／S）現　　　　金　20,000

⑩　寄附行為を変更して収益事業を行うこととし，元入金を区分して
　　￥100,000拠出した。

　　（資／収）収益事業元入金支出　100,000　　（B／S）支 払 資 金　100,000

（B／S）収益事業元入金 100,000 　（B／S）現　　　　　金 100,000

⑪　奨学金制度新設のため，基本金の対象資産として¥10,000を貸付信託とした。

（資／収）第3号基本金引当資産支出 10,000 　（資／収）支 払 資 金 10,000

（B／S）第3号基本金引当資産 10,000 　（B／S）現　　　　　金 10,000

⑫　未収入金¥500の徴収不能と見込まれることになった。

（事／収）徴収不能引当金繰入額 500 　（B／S）徴収不能引当金 500

⑬　上記未収入金が徴収不能となった。

（B／S）徴収不能引当金 500 　（B／S）未 収 入 金 500

⑭　有価証券¥6,000を購入した。

（資／収）有価証券購入支出 6,000 　（資／収）支 払 資 金 6,000

（B／S）有 価 証 券 6,000 　（B／S）現　　　　　金 6,000

⑮　上記有価証券を退職給与引当特定資産とした。

（資／収）支 払 資 金 6,000 　（資／収）有価証券売却収入 6,000

（資／収）退職給与引当特定資産への繰入支出 6,000 　（資／収）支 払 資 金 6,000

（B／S）現　　　　　金 6,000 　（B／S）有 価 証 券 6,000

（B／S）退職給与引当特定資産 6,000 　（B／S）現　　　　　金 6,000

⑯　図書¥12,000を廃棄処分した。

（事／収）図書除却差額 12,000 　（B／S）図　　　　　書 12,000

⑰　退職給与引当金¥50,000を繰り入れた。

（事／収）退職給与引当金繰入 50,000 　（B／S）退職給与引当金 50,000

⑱　上記¥50,000を退職者に支払った。

（資／収）退 職 金 支 出 50,000 　（資／収）支 払 資 金 50,000

（B／S）退職給与引当金 50,000 　（B／S）現　　　　　金 50,000

⑲　建物減価償却費¥1,000を直接法で計上した。

（事／収）減 価 償 却 額 1,000 　（B／S）建　　　　　物 1,000

⑳　建物減価償却費¥1,000を間接法で計上した。

（事／収）減 価 償 却 額 1,000 　（B／S）建物減価償却累計額 1,000

㉑　基本金￥100を組入れた。

（事／収）基 本 金 組 入 額　　　100　　（B／S）基　　本　　金　　　100

㉒　上記基本金のうち￥30を取崩した。

（B／S）基　　本　　金　　　30　　（事／収）基 本 金 取 崩 額　　　30

② 資金と支払資金について

　学校法人会計基準においては，資金と支払資金は明確に区分されています。

　支払資金については，資金収支計算の対象となる資金をいい，具体的には「現金及びいつでも引き出すことができる預貯金」とされています。

　このことは，支払資金はあくまで一般の支払手段として保有することが前提となって，①換金可能の容易性，②元本保証性という２つの要件が必要となります。

　他方，資金については，基本金の中で示されていますが，「恒常的に保持すべき」ものとあり，一般に支払資金より広い概念とされています。

　そのため，資金の要件としては，支払資金と同様に，①換金可能の容易性，②元本保証の確実性の２つと考えられるものの，安定的運用が可能である中国ファンド等は支払資金に含まれませんが，資金概念には含まれるといった違いが生じるのです。

③ 固定資産について

　学校法人会計における固定資産の処理については，企業会計とやや異なるところがあります。

　例えば，少額重要資産の計上については，企業会計では一律で取得価額10万円以上となっていますが，学校法人会計においては，学校法人の規模によって，各学校法人の経理規程において定められます。

　また，長期間使用・保存される図書については，金額のいかんにかかわらず資産計上され，減価償却も行いません。

　減価償却については，学校法人の本来の教育研究活動の非課税性に基づく，

償却不要説もありますが，学校法人会計基準においては，教育研究コストの正しい把握の見地から，減価償却資産に対して定額法により行うべき旨が記載されています。

　また，耐用年数については，本来は各学校法人が自主的に決定すべきものですが，現実には，「減価償却資産の耐用年数等に関する省令」（財務省令）などに基づき決定されているようです。

　また，リース取引の会計処理についても大きく変わります。

　まず，リース取引開始日が平成21年３月31日以前のリース取引については，従来どおり，所定の注記を行うことによって，通常の賃貸借取引に係る方法に準じた会計処理を行うことができます。

　しかし，平成21年４月１日以降に取引を開始したファイナンスリース取引については，従来は通常の賃貸借取引に係る方法に準じた会計処理を行うことが認められていた所有権移転外ファイナンスリースについても，所有権移転ファイナンスリースと同様に，原則として固定資産として計上することとなりました。

　ここで，通常の賃貸借取引に係る方法に準じた会計処理を行うことが認められた例外的なケースは，以下のとおりです。

　①　リース料総額が学校法人の採用する固定資産計上基準額未満のもの
　　　（リース物件が少額重要資産の場合を除く）
　②　リース期間が１年以内のもの
　③　リース契約１件当たりの「リース料総額」が300万円以下のもの（ただし，「所有権移転外ファイナンスリース取引」に限る）

　さらに，ソフトウェアについても，リース取引との整合性を確保する観点から，その利用により将来の収入獲得又は支出削減が確実であると認められる場合には，当該ソフトウェアの取得に要した支出に相当する額を資産として計上し，それ以外の場合には経費として計上することとされました。

④ 学校債の有価証券指定について

平成18年の金融商品取引法の制定に伴い，一定の要件を満たす学校債が，同法の規制対象となる有価証券に位置づけられることとなりました。

このため，学校としては，学校債発行によって，広く一般大衆にその販売が可能となった反面，厳格な情報開示義務も課され，各種書類作成のための負担が増えることとなりました。

具体的には，有価証券届出書，有価証券報告書，半期報告書の提出義務が課せられます。

さらに，有価証券発行学校法人に対しては，私立学校振興助成法に基づく監査とは別に，公認会計士又は監査法人による監査証明が必要となります。

⑤ 教育研究経費と管理経費の区分について

教育研究経費と管理経費の区分も，学校法人会計において重要です。

ここで，教育研究経費とは，教育研究に直接要する経費をいい，管理経費とは，教育研究に間接的又は無関係な経費をいいます。

両者の区分については，文部省通知（昭和46年雑管第118号）に示されており，概要は以下のとおりです。

まず，以下の①から⑦に該当することが明らかなものを管理経費とし，それ以外の経費についてはその主たる使途によって教育研究経費と管理経費に区分することになっています。

① 役員の行う業務執行のために要する経費及び評議員会のために要する経費

② 総務・人事・財務・経理その他これに準ずる法人業務に要する経費

③ 教職員の福利厚生のための経費

④ 教育研究活動以外に使用する施設，設備の修繕，維持，保全に要する経費（減価償却費を含む。）

⑤ 学生生徒等の募集のために要する経費

⑥　補助活動事業のうち食堂，売店のために要する経費

⑦　附属病院業務のうち教育研究業務以外の業務に要する経費

　さらに，留意点としては，①教育研究関係の固定資産の取得費用は教育研究経費に，それ以外は管理経費に，②全寮制寄宿舎に係る経費は教育研究経費に，食堂・売店及び全寮制以外の寄宿舎に係る経費は管理経費に区分する，といったことなどがあります。

6　基本金について

　基本金とは，企業会計計上の資本金と異なり，学校法人の資産維持のため継続保持されるものであり，教育の用に供する固定資産等の増加に伴い，事業活動収入から組み入れられなければならないものです。

　この基本金概念は，学校法人会計の中でも最も難解な概念です。基本金には，以下の4種類があり，種類ごとにポイントを図表化してみましたので，よくご理解下さい。

種　　類	ポ　イ　ン　ト
第1号基本金	設立当初に取得した固定資産，設立後新たな学校の設置又は規模の拡大のために取得した固定資産，教育の充実向上のために取得した固定資産の価額について組入れ
第2号基本金	①　将来多額な資産の取得を予定している場合に，数年間に亘って計画的・段階的に組入れ ②　固定資産取得計画及び基本金組入計画につき，理事会又は評議員会の決議が必要 ③　基本金組入計画表を毎年度作成し，所轄庁に提出
第3号基本金	①　奨学基金，研究基金，海外交流基金などの設定に対応して組入れ ②　組入計画に理事会等の決議が必要 ③　特定の事業目的ごとに運用規程等の設定が必要 ④　基本金組入計画表は簡略な様式でよいが，目標額に達するまで作成し，計算書類に添付
第4号基本金	恒常的に保持すべき資金に対して組入れ

なお，以下の資産は，基本金の対象となりません。

① 減価償却特定預金（資産）

② 退職給与引当特定預金（資産）

③ 収益事業元入金

④ 金融機関との取引開始に際しての金融機関の出資金

次に，基本金の取崩しについては，①学校法人がその諸活動の一部又は全部を廃止した場合に，その廃止した諸活動に係る基本金組入額の範囲内で取り崩せます。

さらに，平成17年の学校法人会計基準の改正により，次の②から④の場合にも基本金を取り崩せることになりました。

② その経営の合理化により第1号基本金組入対象となっている固定資産を有する必要がなくなった場合

③ 第2号基本金組入対象となっている金銭その他の資産を将来取得する固定資産に充てる必要がなくなった場合

④ その他やむを得ない事由がある場合

なお，その他やむを得ない事由がある場合とは，地方公共団体による土地収用などによることが考えられます。

また，①過年度組入基本金に誤謬があった場合，②施設設備計画変更があった場合には，基本金の修正が認められます。

7 部門別会計について

1つの学校法人の中に大学や高等学校など複数の学校がある場合，これらの各部門の活動を把握するため，法人全体の計算書類のほか，資金収支計算と消費収支計算につき部門別内訳表を作成しなければなりません。

まず，消費収支計算については，消費収支計算書のほかに，学校別に区分表示した消費収支内訳表が必要となります。

次に，資金収支計算については，大学は学部別，高等学校なら課程別に区分表示した資金収支内訳表と人件費支出内訳表の作成が必要となります。

部門別会計の留意点としては，①人件費の区分については，原則としていずれかの教職員として発令されたかによる発令基準によること，②共通収支は，在学者数や使用面積等の合理的基準により配分されることなどが挙げられます。

8　子ども・子育て支援新制度における学校法人立の幼稚園、認定こども園に係る会計処理

子ども・子育て支援新制度における学校法人立の幼稚園，認定こども園に係る会計処理（学校法人会計基準における取扱い）について，まず会計処理の科目は次のとおりです。

	施設型給付	利用者負担額（基本負担額）	特定負担額	検定料	入園料（※2）	入園料（※3）	実費徴収
大科目	補助金収入	学生生徒納付金収入	学生生徒納付金収入	手数料収入	手数料収入	学生生徒納付金収入	徴収の実態に合わせた取扱い（私学助成を受ける幼稚園における従来の取扱いと同様）
小科目	施設型給付費収入	基本保育料収入	特定保育料収入（※1）	入学検定料収入	入園受入準備費収入	特定保育料収入（※4）	

（※5）

- （※1）　使途を示す費目を付記することも考えられる。（例：特定保育料収入（施設設備費）など）
- （※2）　費用の性質が入園やその準備，選考などに係る事務手続き等に要する費用の対価の場合。
- （※3）　費用の性質が教育・保育の対価の場合。
- （※4）　小科目に使途を示す費目を付記する場合は，「入園料」ではなく，具体的な費目を用いること。
- （※5）　新制度における入園前に徴収する検定料や入園料について，「手続料収入」として取り扱う検定料及び入園受入準備費については，入園年度の前年度の収入として処理し，入園料として徴収する特定負担額については，その性質上，入園年度の収入として処理。（入園年度の前年度中に徴収した場合には，いったん「前受金収入」として処理。）

次に，会計処理の部門及び教育研究経費と管理経費の区分については，次のとおりです。

	幼稚園	幼保連携型認定こども園	幼稚園型認定こども園（単独型）	幼稚園型認定こども園（並列型・接続型）
会計処理の部門	幼稚園として1部門	認定こども園として1部門（※1）	認定こども園として1部門	認定こども園として1部門（※2）
教育研究経費と管理経費の区分	明らかに管理経費に該当する経費（※3）を除き，全て教育研究経費とする方向で調整中（所轄庁の判断により，従来どおりの取扱いとすることも可）			

（※1）　幼保連携型認定こども園への移行に当たっては，全ての施設が新たに認可（みなし認可を含む）を受けることとなるため，従来の学校新設等の場合の会計処理と同様，移行に伴う収支（前受金や施設整備等の準備経費など）は法人部門に計上し，移行後必要に応じて，こども園部門に適宜振替処理等を行うこと。（なお，幼稚園又は現行の幼稚園型認定こども園から新制度の幼稚園型認定こども園に移行する場合は，新たに認可を受ける施設がないことから，移行に伴う収支は，引き続き，幼稚園部門に計上すること。）

（※2）　新制度における幼稚園型認定こども園（並列型・接続型）に対する公的補助は，幼稚園と保育機能施設とを区分せず認定こども園を単位として施設型給付により支援し，また，教育・保育の一体的提供を一層推進していく観点から，当該認定こども園の保育機能施設における保育については，平成21年2月26日付け20文科高第855号「文部科学大臣所轄学校法人が行う付随事業と収益事業の扱いについて（通知）」の4.②の内容にかかわらず，認定こども園を1部門として会計処理することを可能とする。

（※3）　昭和46年11月27日付け雑管大118号「教育研究経費と管理経費の区分について（報告）」について（通知）を参照。

（出典：平成27年3月10日，内閣府説明資料）

3
経 営 分 析

① 必要性と手法

　学校法人の経営のあり方は多種多様で，計算書類の数値のみで学校を評価できるものではありません。

　そして，いかなる組織も目的や使命があって設立されるものであり，学校経営者においても，その目的等を達成させる責任があります。また，外部利害関係者は，その組織の目的等に賛同したから資金などを提供するのであり，その達成状況に強い関心を持っています。

　以上のような組織内外の者にとって，その目的等に比較して十分な成果を上げているか，今後も上げていけるのかを判断するために必要なものが，経営分析という手法なのです。

　もちろん一般企業も経営分析の結果は活用していますが，学校法人という性質上，例えば以下のような特性があります。

① 　収入の多くが，学生生徒数に大きく依存しているため，将来の収入額がほぼ確定している。

② 　一般企業のような増資という手段が採れないため，借入に頼らざるを得ない。

③ 　財政悪化に対して，教育研究活動水準維持の責務があるため，人件費カットや資産売却での対処が難しい。

上記のようなことが，経営分析にも反映されるでしょう。

次に，経営分析の手法ですが，大まかに分けると次のようになっています。

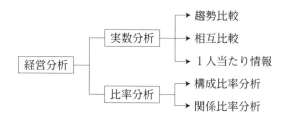

まず，実数分析とは，計算書類数値の絶対額でもって分析する手法です。

このうち，趨勢比較とは，同一法人について，時系列的に分析するものをいい，相互比較とは，他の法人の計算書類等を指標とし，比較分析するものをいいます。また，1人当たり情報とは，学生生徒数や教職員数などと計算書類の数値とを組み合わせて分析するものです。

次に，比率分析とは，計算書類における諸項目間の実際の数値の割合を比率として算定し，分析する手法です。

このうちの構成比率分析とは，全体を100とした場合の各構成部分を百分比で示すもので，関係比率分析とは，計算書類のある科目の金額と他の科目の金額を比較し，その割合をもって分析するものです。

以下，紙面の限界もあるため，簡潔に要点だけ説明します。

② 資金収支計算書分析

資金収支計算書は，当該会計年度の諸活動に対応する全ての収入・支出の内容を明らかにした計算書類であり，現預金の収入・支出の一覧ともいえるものです。

そして，今回の学校法人会計基準の改正により，学校法人の活動区分別の「活動区分資金収支計算書」の作成が求められることとなりました。

この表により，新たな有用な財務分析が可能となりました。

まず，活動区分資金収支計算書の収支の意味は，以下のとおりです。

① 教育活動による資金収支

　　キャッシュベースでの本業である教育活動の収支状況をみる。

②　施設整備等活動による資金収支

　　当該年度に施設設備の購入がどれだけあり，財源がどうであったかをみる。

③　その他の活動による資金収支

　　借入金の収支，資金運用の状況等，主に財務活動をみる。

　次に，活動区分資金収支計算書による比率には，次のようなものがあります。

① **教育活動資金収支差額比率**

　〈算出方法〉

　教育活動資金収支差額÷教育活動による資金収入

　１年間の経常的な教育活動の結果，どのくらい資金収支がプラスであったかを示す指標で，20％以上がひとつの目標です。

② **運用資産超過額対教育活動資金収支差額比（年）**

　〈算出方法〉

　{（運用資産$^{(注1)}$－外部負債$^{(注2)}$）÷教育活動資金収支差額}　×（－１）

　　　　　　　　　　　（教育活動資金収支差額がマイナスの時のみ算出）

　（注１）　運用資産＝流動資産の現金預金・有価証券＋特定資産合計＋その他の固定
　　　　　　　　　　　資産の有価証券
　（注２）　外部負債＝借入金＋学校債＋未払金＋手形債務

　教育活動資金収支差額のマイナスが運用資産の何年分かを示す指標であり，返済が必要な外部負債を除いた残りの運用資産で，何年教育活動が継続できるかを示すものといえます。

③ **運用資産対教育活動資金収支差額比（年）**

　〈算出方法〉

　（運用資産÷教育活動資金収支差額）×（－１）

　この比率は，教育活動資金収支差額がマイナスの場合のみ算出され，教育活動資金収支差額がマイナス，かつ，既存の外部負債が全て先延ばしできると仮定して，既存の運用資産総額で，何年教育活動が継続できるかを示す比率です。

　上記②と③の比率とも，大学なら４年，短大なら２年は最低必要といわれて

います。

④　外部負債超過額対教育活動資金収支差額比（年）

　　〈算出方法〉

　　（外部負債－運用資産）÷教育活動資金収支差額

　この比率は，教育活動資金収支差額がプラスの場合のみ算出され，運用資産を全て外部負債の返済に充てた上，さらに残った債務が教育活動資金収支差額の何年分かを示す比率で，10年を超えると負債過多といわれてます。

③　事業活動収支計算書分析

　事業活動収支計算書は，当該会計年度の事業活動収入及び事業活動支出の内容を明示し，事業活動収支の均衡の状況を明らかにするものです。

　さて，事業活動収支計算書は，今回の基準改正により，従来の消費収支計算書に取って替わったものであり，そこで従来の「帰属収入」が「経常収入」に，「消費収入」が「事業活動収入」に，「消費支出」が「事業活動支出」に各々その概念が変わっています。

　この点，日本私立大学連盟作成の「新学校法人会計基準の財務比率に関するガイドライン」の事業活動収支計算書関係の新たな財務比率は，以下のとおりです（ただし，全国平均（％）は著者が適宜加えました）。

	新比率名	算出方法	変更点等	全国平均
1	人件費比率	$\dfrac{人件費}{経常収入}$	「帰属収入」を「経常収入」に変更し，経常的な収入を分母とする	(49.4)（注）
2	人件費依存率	$\dfrac{人件費}{学生生徒等納付金}$	変更なし	89.9
3	教育研究経費比率	$\dfrac{教育研究経費}{経常収入}$	「帰属収入」を「経常収入」に変更し，経常的な収入を分母とする	(33.8)

4	管理経費比率	$\dfrac{\text{管理経費}}{\text{経常収入}}$	「帰属収入」を「経常収入」に変更し，経常的な収入を分母とする	(7.1)
5	借入金等利息比率	$\dfrac{\text{借入金等利息}}{\text{経常収入}}$	「帰属収入」を「経常収入」に変更し，経常的な収入を分母とする	(0.4)
6	事業活動収支差額比率	$\dfrac{\text{基本金組入前当年度収支差額}}{\text{事業活動収入}}$	「帰属収支差額比率」から「事業活動収支差額比率」へ名称変更「帰属収入－消費支出」を「基本金組入前当年度収支差額」に，「帰属収入」を「事業活動収入」に変更	－
7	基本金組入後収支比率	$\dfrac{\text{事業活動支出}}{\text{事業活動収入－基本金組入額}}$	「消費収支比率」を「基本金組入後収支比率」に名称変更「消費支出」を「事業活動支出」に，「消費収入」を「事業活動収入－基本金組入額」に変更	－
8	学生生徒等納付金比率	$\dfrac{\text{学生生徒等納付金}}{\text{経常収入}}$	「帰属収入」を「経常収入」に変更し，経常的な収入を分母とする	(55.0)
9	寄附金比率	$\dfrac{\text{寄附金}}{\text{事業活動収入}}$	「帰属収入」を「事業活動収入」に変更※分子の「寄附金」には，特別収支の「施設設備寄附金」及び「現物寄附」を含む	(2.9)
	経常寄附金比率	$\dfrac{\text{教育活動収支の寄附金}}{\text{経常収入}}$	上記寄附金比率を，分子・分母ともに経常的な収入に限定	－

10	補助金比率	$\dfrac{補助金}{事業活動収入}$	「帰属収入」を「事業活動収入」に変更 ※分子の「補助金」には，特別収支の「施設設備補助金」を含む	－
	経常補助金比率	$\dfrac{教育活動収支の補助金}{経常収入}$	上記補助金比率を，分子・分母ともに経常的な収入に限定	－
11	基本金組入率	$\dfrac{基本金組入額}{事業活動収入}$	「帰属収入」を「事業活動収入」に変更	(12.8)
12	減価償却額比率	$\dfrac{減価償却額}{経常支出}$	「消費支出」を「経常支出」に変更し，経常的な支出を分母とする	－
新設	経常収支差額比率	$\dfrac{経常収支差額}{経常収入}$	経常的な収支バランスを表す比率として新設	－
新設	教育活動収支差額比率	$\dfrac{教育活動収支差額}{教育活動収入計}$	本業である教育活動の収支のバランスを表す比率として新設	－

（注）（　）書は，従来の消費収支計算等による数値

　次に，学校法人特有の比率について，若干説明しておきます。

　まず，教育研究費比率です。学校法人の主たる目的は教育研究活動にあるため，教育研究経費が大きければ大きいほどよいとも考えられますが，それがあまりにも過大となると経営を圧迫するため，やはりバランスは大切です。

　この点，平成25年度版『今日の私学財政』によれば，当該比率は30％台前半くらいが適切と思われます。

　学生生徒等納付金比率も学校法人特有の比率です。当該納付金は，学校法人にとって重要な財源であり，この比率が高水準で安定していることが，経営上好ましいことになります。

　当該比率については，大学法人で74％くらい，短大法人で63％くらい，高校法人で55％くらいが好ましいとされています。

　基本金組入率も学校法人特有のものです。

基本金組入額は，教育研究に必要な資産の増加額ですから，この比率が高いということは，教育研究用施設設備が充実しているということを示しています。

おおむねこの比率は，10％くらいで推移している法人が多いようです。

④ 貸借対照表分析

貸借対照表とは，会計年度末における学校法人の財政状態を表示した計算書類です。

貸借対照表分析の目的は，財務安全性すなわち負債の返済を含めた収入と支出のバランスの分析にあります。

この点，貸借対照表分析についても，やはり前出の日本私立大学連盟作成の「新学校法人会計基準の財務比率に関するガイドライン」では，以下のものが掲げられています（ただし，全国平均（％）は，日本私立学校新興・共済事業団の採用する財務比率を採用しました）。

	新比率名	算出方法	変更点等	全国平均
1	固定資産構成比率	$\dfrac{固定資産}{総資産}$	名称及び比率に変更なしただし，現行の「固定資産＝有形固定資産＋その他の固定資産」が，「固定資産＝有形固定資産＋特定資産＋その他の固定資産」となる	84.2
2	有形固定資産構成比率	$\dfrac{有形固定資産}{総資産}$	変更なし	58.8
3	特定資産構成比率	$\dfrac{特定資産}{総資産}$	名称を変更し，分子を「その他の固定資産」から「特定資産」に変更する	25.4
4	流動資産構成比率	$\dfrac{流動資産}{総資産}$	変更なし	15.8
5	固定負債構成比率	$\dfrac{固定負債}{負債＋純資産}$	名称及び比率に変更なしただし，分母の表記を「総資金」から「負債＋純資産」に変更する	9.3

6	流動負債構成比率	$\dfrac{流動負債}{負債＋純資産}$	名称及び比率に変更なし ただし，分母の表記を「総資金」から「負債＋純資産」に変更する	6.1
7	内部留保資産比率	$\dfrac{運用資産－総負債}{総資産}$	現行の「運用資産＝その他の固定資産＋流動資産」を，「運用資産＝現金預金＋特定資産＋有価証券」とし，経営判断指標における運用資産と同定義とする	25.7
8	運用資産余裕比率	$\dfrac{運用資産－外部負債}{事業活動支出}$	現行の「運用資産＝その他の固定資産＋流動資産」を，「運用資産＝現金預金＋特定資産＋有価証券」とし，経営判断指標における運用資産と同定義とする。「消費支出」を「事業活動支出」に変更する	1.5
9	純資産構成比率	$\dfrac{純資産}{負債＋純資産}$	名称変更。比率に変更なし ただし，分子の表記を「自己資金」から「純資産」に，分母の表記を「総資金」から「負債＋純資産」に変更する	84.5
10	繰越収支差額構成比率	$\dfrac{繰越収支差額}{負債＋純資産}$	「消費収支差額」から「繰越収支差額」へ名称変更 また，分母の表記を「総資金」から「負債＋純資産」に変更する	△7.1
11	固定比率	$\dfrac{固定資産}{純資産}$	名称及び比率に変更なし ただし，分母の表記を「自己資金」から「純資産」に変更する	99.6
12	固定長期適合率	$\dfrac{固定資産}{純資産＋固定負債}$	名称及び比率に変更なし ただし，分母の表記を「自己資金＋固定負債」から「純資産＋固定負債」に変更する	89.7
13	流動比率	$\dfrac{流動資産}{流動負債}$	変更なし	257.7

14	総負債比率	$\dfrac{総負債}{総資産}$	変更なし	15.5
15	負債比率	$\dfrac{総負債}{純資産}$	名称及び比率に変更なし ただし，分母の表記を「自己資金」から「純資産」に変更する	18.3
16	前受金保有率	$\dfrac{現金預金}{前受金}$	変更なし	340.4
17	退職給与引当金特定資産保有率	$\dfrac{退職給与引当特定資産}{退職給与引当金}$	名称及び分子の表記変更	59.1
18	基本金比率	$\dfrac{基本金}{基本金要組入額}$	変更なし	96.2
19	減価償却比率	$\dfrac{減価償却累計額(図書を除く)}{減価償却資産取得価額(図書を除く)}$	変更なし	43.0
新設	積立率	$\dfrac{運用資産}{要積立額}$	将来の施設設備の取替更新等に備えて保有しておくべき資産の保有状況を表す比率として新設「運用資産＝現金預金＋特定資産＋有価証券」とし，経営判断指標と同定義とする。「要積立額＝減価償却累計額＋退職給与引当金＋第2号基本金＋第3号基本金」とし，経営判断指標と同定義とする	―

　ここで学校法人特有のものとして，基本金比率があります。

　この比率は，基本金要組入額に対する，組入済基本金の割合を示す比率であり，この比率が大きいほど基本金の未組入額が少ないことになります。

　最後に，新設された積立率について説明します。

　この比率は，将来の施設設備の取替更新や退職金の支払いなどに備えて保有しておくべき資産の保有状況を示す比率で，平成25年度版『今日の私学財政』によれば，大学法人で84％くらい，短大法人で76％くらい，高校法人で74％くらいとなっています。

4
監　　査

学校法人監査は，以下のものについて受けなければなりません。

① 学校法人

② 学校法人以外の盲学校，聾学校，養護学校，幼稚園のうち，国等から年間1,000万円以上の経費補助を受けているもの

監査制度の概要は，以下の表のとおりです。

監　査　制　度	監　査　対　象	監　査　人
私立学校振興助成法による監査	計算書類	公認会計士又は監査法人
学校法人の寄附行為等の認可申請に係る監査	財産目録	公認会計士又は監査法人
私立学校法に定められた監事による監査	計算書類及び理事者の業務執行状況	監　　事

　さらに，私立学校法によれば，監事も学校法人の状況等を監査することとされています。監事による監査は，全ての学校法人で必要です。

　また，学校債を発行している学校法人については，上記監査とは別の公認会計士又は監査法人による監査が必要となりました。

　公認会計士等の監査と監事の監査は，各々独立に行われるわけでなく，相互補完的な関係にあるため，効率的に実施するためにも，連携体制を整えることが必要と思われます。

　学校法人の監査は，以下の手順で行われ，最終的に監査報告書を作成します。

① 監査リスクの把握

②　内部統制の信頼性の検証

③　監査方針の決定

④　期末監査（実証性の監査）の実施

⑤　監査結果の検討

⑥　監査報告書の作成

　また，最近の監査は，リスクの高いものについて重点的に監査を行うリスクアプローチの手法を採っています。

──────── 学校法人会計基準 ────────

（昭和46年4月1日文部省令第18号）

最終改正：平成27年3月30日文部科学省令第13号

　私立学校法（昭和24年法律第270号）第59条第8項の規定に基づき，学校法人会計基準を次のように定める。

第1章　総則（第1条－第5条）

第2章　資金収支計算及び資金収支計算書（第6条－第14条の2）

第3章　事業活動収支計算及び事業活動収支計算書（第15条－第24条）

第4章　貸借対照表

　第1節　資産（第25条－第28条）

　第2節　基本金（第29条－第31条）

　第3節　貸借対照表の記載方法等（第32条－第36条）

第5章　知事所轄学校法人に関する特例（第37条－第39条）

第6章　幼保連携型認定こども園を設置する社会福祉法人に関する特例（第40条）

附則

第1章　総則

（学校法人会計の基準）

第1条　私立学校振興助成法（昭和50年法律第61号。以下「法」という。）第14条第1項に規定する学校法人（法附則第2条第1項に規定する学校法人以外の私立の学校の設置者にあっては，同条第3項の規定による特別の会計の経理をするものに限るものとし，以下第6章を除き「学校法人」という。）は，この省令で定めるところに従い，会計処理を行い，財務計算に関する書類（以下「計算書類」という。）を作成しなければならない。

2　学校法人は，この省令に定めのない事項については，一般に公正妥当と認められる学校法人会計の原則に従い，会計処理を行ない，計算書類を作成しなければならない。

（会計の原則）

第2条　学校法人は，次に掲げる原則によって，会計処理を行ない，計算書類を作成しなければならない。

一　財政及び経営の状況について真実な内容を表示すること。

二　すべての取引について，複式簿記の原則によって，正確な会計帳簿を作成すること。

三　財政及び経営の状況を正確に判断することができるように必要な会計事実を明りように表示すること。

四　採用する会計処理の原則及び手続並びに計算書類の表示方法については，毎会計年度継続して適用し，みだりにこれを変更しないこと。

（収益事業会計）

第3条　私立学校法（昭和24年法律第270号）第26条第1項に規定する事業に関する会計（次項において「収益事業会計」という。）に係る会計処理及び計算書類の作成は，一般に公正妥当と認められる企業会計の原則に従って行わなければならない。

2　収益事業会計については，前2条及び前項の規定を除き，この省令の規定は，適用しない。

（計算書類）

第4条　学校法人が作成しなければならない計算書類は，次に掲げるものとする。

一　資金収支計算書並びにこれに附属する次に掲げる内訳表及び資金収支計算書に基づき作成する活動区分資金収支計算書

イ　資金収支内訳表

ロ　人件費支出内訳表

二　事業活動収支計算書及びこれに附属する事業活動収支内訳表

三　貸借対照表及びこれに附属する次に掲げる明細表

イ　固定資産明細表

ロ　借入金明細表

ハ　基本金明細表

（総額表示）

第5条　計算書類に記載する金額は，総額をもって表示するものとする。ただし，預り金に係る収入と支出その他経過的な収入と支出及び食堂に係る収入と支出その他教育活動に付随する活動に係る収入と支出については，純額をもって表示することができる。

第2章　資金収支計算及び資金収支計算書

（資金収支計算の目的）

第6条　学校法人は，毎会計年度，当該会計年度の諸活動に対応するすべての収入及び支出の内容並びに当該会計年度における支払資金（現金及びいつでも引き出すことができる預貯金をいう。以下同じ。）の収入及び支出のてん末を明らかにするため，資金収支計算を行なうものとする。

（資金収支計算の方法）

第7条　資金収入の計算は，当該会計年度における支払資金の収入並びに当該会計年度の諸活動に対応する収入で前会計年度以前の会計年度において支払資金の収入となったもの（第11条において「前期末前受金」という。）及び当該会計年度の諸活動に対応する収入で翌会計年度以後の会計年度において支払資金の収入となるべきもの（第11条において「期末未収入金」という。）について行なうものとする。

2　資金支出の計算は，当該会計年度における支払資金の支出並びに当該会計年度の諸活動に対応する支出で前会計年度以前の会計年度において支払資金の支出となったもの（第11条において「前期末前払金」という。）及び当該会計年度の諸活動に対応する支出で翌会計年度以後の会計年度において支払資金の支出となるべきもの（第11条において「期末未払金」という。）について行なうものとする。

（勘定科目）

第8条　学校法人は，この章の規定の趣旨に沿って資金収支計算を行なうため必要な勘定科目を設定するものとする。

（資金収支計算書の記載方法）

第9条　資金収支計算書には，収入の部及び支出の部を設け，収入又は支出の科目ごとに当該会計年度の決算の額を予算の額と対比して記載するものとする。

（資金収支計算書の記載科目）

第10条　資金収支計算書に記載する科目は，別表第1のとおりとする。

（前期末前受金等）

第11条　当該会計年度の資金収入のうち前期末前受金及び期末未収入金は，収入の部の控除

科目として，資金収支計算書の収入の部に記載するものとする。

2　当該会計年度の資金支出のうち前期末前払金及び期末未払金は，支出の部の控除科目と
して，資金収支計算書の支出の部に記載するものとする。

（資金収支計算書の様式）

第12条　資金収支計算書の様式は，第１号様式のとおりとする。

（資金収支内訳表の記載方法等）

第13条　資金収支内訳表には，資金収支計算書に記載される収入及び支出で当該会計年度の
諸活動に対応するものの決算の額を次に掲げる部門ごとに区分して記載するものとする。

一　学校法人（次号から第五号までに掲げるものを除く。）

二　各学校（専修学校及び各種学校を含み，次号から第５号までに掲げるものを除く。）

三　研究所

四　各病院

五　農場，演習林その他前２号に掲げる施設の規模に相当する規模を有する各施設

2　前項第２号に掲げる部門の記載にあたっては，２以上の学部を置く大学にあっては学部
（当該学部の専攻に対応する大学院の研究科，専攻科及び別科を含む。），２以上の学
科を置く短期大学にあっては学科（当該学科の専攻に対応する専攻科及び別科を含む。）
に，２以上の課程を置く高等学校にあっては課程（当該課程に対応する専攻科及び別科を
含む。）にそれぞれ細分して記載するものとする。この場合において，学部の専攻に対応
しない大学院の研究科は大学の学部とみなす。

3　学校教育法（昭和22年法律第26号）第103条に規定する大学に係る前項の規定の適用に
ついては，当該大学に置く大学院の研究科は大学の学部とみなす。

4　通信による教育を行なう大学に係る第２項の規定の適用については，当該教育を担当す
る機関は大学の学部又は短期大学の学科とみなす。

5　資金収支内訳表の様式は，第２号様式のとおりとする。

（人件費支出内訳表の記載方法等）

第14条　人件費支出内訳表には，資金収支計算書に記載される人件費支出の決算の額の内訳
を前条第１項各号に掲げる部門ごとに区分して記載するものとする。

2　前条第２項から第４項までの規定は，前項の規定による記載について準用する。

3　人件費支出内訳表の様式は，第３号様式のとおりとする。

（活動区分資金収支計算書の記載方法等）

第14条の2　活動区分資金収支計算書には，資金収支計算書に記載される資金収入及び資金
　　支出の決算の額を次に掲げる活動ごとに区分して記載するものとする。

　　一　教育活動

　　二　施設若しくは設備の取得又は売却その他これらに類する活動

　　三　資金調達その他前2号に掲げる活動以外の活動

2　活動区分資金収支計算書の様式は，第四号様式のとおりとする。

第3章　事業活動収支計算及び事業活動収支計算書

（事業活動収支計算の目的）

第15条　学校法人は，毎会計年度，当該会計年度の次に掲げる活動に対応する事業活動収入
　　及び事業活動支出の内容を明らかにするとともに，当該会計年度において第29条及び第30
　　条の規定により基本金に組み入れる額（以下「基本金組入額」という。）を控除した当該
　　会計年度の諸活動に対応する全ての事業活動収入及び事業活動支出の均衡の状態を明らか
　　にするため，事業活動収支計算を行うものとする。

　　一　教育活動

　　二　教育活動以外の経常的な活動

　　三　前2号に掲げる活動以外の活動

（事業活動収支計算の方法）

第16条　事業活動収入は，当該会計年度の学校法人の負債とならない収入を計算するものと
　　する。

2　事業活動支出は，当該会計年度において消費する資産の取得価額及び当該会計年度にお
　　ける用役の対価に基づいて計算するものとする。

3　事業活動収支計算は，前条各号に掲げる活動ごとに，前2項の規定により計算した事業
　　活動収入と事業活動支出を対照して行うとともに，事業活動収入の額から事業活動支出の
　　額を控除し，その残額から基本金組入額を控除して行うものとする。

（勘定科目）

第17条　学校法人は，この章の規定の趣旨に沿って事業活動収支計算を行うため必要な勘定
　　科目を設定するものとする。

（事業活動収支計算書の記載方法）

第18条　事業活動収支計算書には，第15条各号に掲げる活動ごとに事業活動収入の部及び事業活動支出の部を設け，事業活動収入又は事業活動支出の科目ごとに当該会計年度の決算の額を予算の額と対比して記載するものとする。

（事業活動収支計算書の記載科目）

第19条　事業活動収支計算書に記載する科目は，別表第2のとおりとする。

（当年度収支差額等の記載）

第20条　第15条各号に掲げる活動ごとの当該会計年度の収支差額（事業活動収入の額から事業活動支出の額を控除した額をいう。以下同じ。）は，事業活動支出の部の次に予算の額と対比して記載するものとする。

2　当該会計年度の経常収支差額（第15条第1号に掲げる活動の収支差額に同条第2号に掲げる活動の収支差額を加算した額をいう。以下同じ。）は，同号に掲げる活動の収支差額の次に予算の額と対比して記載するものとする。

3　当該会計年度の基本金組入前当年度収支差額（経常収支差額に第15条第3号に掲げる活動の収支差額を加算した額をいう。以下同じ。）は，同号に掲げる活動の収支差額の次に予算の額と対比して記載するものとする。

4　当該会計年度の基本金組入額は，基本金組入前当年度収支差額の次に予算の額と対比して記載するものとする。

5　当該会計年度の当年度収支差額（基本金組入前当年度収支差額から基本金組入額を控除した額をいう。以下同じ。）は，基本金組入額の次に予算の額と対比して記載するものとする。

（翌年度繰越収支差額）

第21条　当該会計年度において次に掲げる額がある場合には，当該額を加算した額を，翌年度繰越収支差額として，翌会計年度に繰り越すものとする。

一　当年度収支差額

二　前年度繰越収支差額（当該会計年度の前会計年度の翌年度繰越収支差額をいう。）

三　第31条の規定により当該会計年度において取り崩した基本金の額

（翌年度繰越収支差額の記載）

第22条　翌年度繰越収支差額は，当年度収支差額の次に，前条の規定による計算とともに，

予算の額と対比して記載するものとする。

（事業活動収支計算書の様式）

第23条　事業活動収支計算書の様式は，第5号様式のとおりとする。

（事業活動収支内訳表の記載方法等）

第24条　事業活動収支内訳表には，事業活動収支計算書に記載される事業活動収入及び事業
　　　活動支出並びに基本金組入額の決算の額を第13条第1項各号に掲げる部門ごとに区分して
　　　記載するものとする。

2　事業活動収支内訳表の様式は，第6号様式のとおりとする。

第4章　貸借対照表

第1節　資産

（資産の評価）

第25条　資産の評価は，取得価額をもってするものとする。ただし，当該資産の取得のため
　　　に通常要する価額と比較して著しく低い価額で取得した資産又は贈与された資産の評価は，
　　　取得又は贈与の時における当該資産の取得のために通常要する価額をもってするものとす
　　　る。

（減価償却）

第26条　固定資産のうち時の経過によりその価値を減少するもの（以下「減価償却資産」と
　　　いう。）については，減価償却を行なうものとする。

2　減価償却資産の減価償却の方法は，定額法によるものとする。

（有価証券の評価換え）

第27条　有価証券については，第25条の規定により評価した価額と比較してその時価が著し
　　　く低くなった場合には，その回復が可能と認められるときを除き，時価によって評価する
　　　ものとする。

（徴収不能額の引当て）

第28条　金銭債権については，徴収不能のおそれがある場合には，当該徴収不能の見込額を
　　　徴収不能引当金に繰り入れるものとする。

第2節　基本金

（基本金）

第29条　学校法人が，その諸活動の計画に基づき必要な資産を継続的に保持するために維持すべきものとして，その事業活動収入のうちから組み入れた金額を基本金とする。

（基本金への組入れ）

第30条　学校法人は，次に掲げる金額に相当する金額を，基本金に組み入れるものとする。

　　一　学校法人が設立当初に取得した固定資産（法附則第2条第1項に規定する学校法人以外の私立の学校の設置者にあっては，同条第3項の規定による特別の会計を設けた際に有していた固定資産）で教育の用に供されるものの価額又は新たな学校（専修学校及び各種学校を含む。以下この号及び次号において同じ。）の設置若しくは既設の学校の規模の拡大若しくは教育の充実向上のために取得した固定資産の価額

　　二　学校法人が新たな学校の設置又は既設の学校の規模の拡大若しくは教育の充実向上のために将来取得する固定資産の取得に充てる金銭その他の資産の額

　　三　基金として継続的に保持し，かつ，運用する金銭その他の資産の額

　　四　恒常的に保持すべき資金として別に文部科学大臣の定める額

2　前項第2号又は第3号に規定する基本金への組入れは，固定資産の取得又は基金の設定に係る基本金組入計画に従い行うものとする。

3　学校法人が第1項第1号に規定する固定資産を借入金（学校債を含む。以下この項において同じ。）又は未払金（支払手形を含む。以下この項において同じ。）により取得した場合において，当該借入金又は未払金に相当する金額については，当該借入金又は未払金の返済又は支払（新たな借入金又は未払金によるものを除く。）を行った会計年度において，返済又は支払を行った金額に相当する金額を基本金へ組み入れるものとする。

（基本金の取崩し）

第31条　学校法人は，次の各号のいずれかに該当する場合には，当該各号に定める額の範囲内で基本金を取り崩すことができる。

　　一　その諸活動の一部又は全部を廃止した場合　その廃止した諸活動に係る基本金への組入額

　　二　その経営の合理化により前条第1項第1号に規定する固定資産を有する必要がなくなった場合　その固定資産の価額

　　三　前条第1項第2号に規定する金銭その他の資産を将来取得する固定資産の取得に充てる必要がなくなった場合　その金銭その他の資産の額

　　四　その他やむを得ない事由がある場合　その事由に係る基本金への組入額

第3節　貸借対照表の記載方法等

（貸借対照表の記載方法）

第32条　貸借対照表には，資産の部，負債の部及び純資産の部を設け，資産，負債及び純資産の科目ごとに，当該会計年度末の額を前会計年度末の額と対比して記載するものとする。

（貸借対照表の記載科目）

第33条　貸借対照表に記載する科目は，別表第3のとおりとする。

（重要な会計方針等の記載方法）

第34条　引当金の計上基準その他の計算書類の作成に関する重要な会計方針については，当該事項を脚注（注記事項を計算書類の末尾に記載することをいう。以下この条において同じ。）として記載するものとする。

2　重要な会計方針を変更したときは，その旨，その理由及びその変更による増減額を脚注として記載するものとする。

3　減価償却資産については，当該減価償却資産に係る減価償却額の累計額を控除した残額を記載し，減価償却額の累計額の合計額を脚注として記載するものとする。ただし，必要がある場合には，当該減価償却資産の属する科目ごとに，減価償却額の累計額を控除する形式で記載することができる。

4　金銭債権については，徴収不能引当金の額を控除した残額を記載し，徴収不能引当金の合計額を脚注として記載するものとする。ただし，必要がある場合には，当該金銭債権の属する科目ごとに，徴収不能引当金の額を控除する形式で記載することができる。

5　担保に供されている資産については，その種類及び額を脚注として記載するものとする。

6　翌会計年度以後の会計年度において基本金への組入れを行うこととなる金額については，当該金額を脚注として記載するものとする。

7　当該会計年度の末日において第30条第1項第4号に掲げる金額に相当する資金を有していない場合には，その旨及び当該資金を確保するための対策を脚注として記載するものとする。

8　前各項に規定するもののほか，財政及び経営の状況を正確に判断するために必要な事項については，当該事項を脚注として記載するものとする。

（貸借対照表の様式）

第35条　貸借対照表の様式は，第7号様式のとおりとする。

（附属明細表の記載方法等）

第36条　固定資産明細表，借入金明細表及び基本金明細表には，当該会計年度における固定
　　　資産，借入金及び基本金の増減の状況，事由等をそれぞれ第8号様式，第9号様式及び第
　　　10号様式に従って記載するものとする。

第5章　知事所轄学校法人に関する特例

（計算書類の作成に関する特例）

第37条　都道府県知事を所轄庁とする学校法人（以下「知事所轄学校法人」という。）は，
　　　第4条の規定にかかわらず，活動区分資金収支計算書又は基本金明細表（高等学校を設置
　　　するものにあっては，活動区分資金収支計算書に限る。）を作成しないことができる。

（徴収不能引当ての特例）

第38条　知事所轄学校法人（高等学校を設置するものを除く。次条において同じ。）は，第
　　　28条の規定にかかわらず，徴収不能の見込額を徴収不能引当金に繰り入れないことができ
　　　る。

（基本金組入れに関する特例）

第39条　知事所轄学校法人は，第30条第1項の規定にかかわらず，同項第4号に掲げる金額
　　　に相当する金額の全部又は一部を基本金に組み入れないことができる。

第6章　幼保連携型認定こども園を設置する社会福祉法人に関する特例

第40条　法第14条第1項に規定する学校法人（法附則第2条第1項に規定する学校法人以外
　　　の私立の学校の設置者であって，同条第3項の規定による特別の会計の経理をするものに
　　　限る。）のうち，幼保連携型認定こども園（就学前の子どもに関する教育，保育等の総合
　　　的な提供の推進に関する法律（平成18年法律第77号）第2条第7項に規定する幼保連携型
　　　認定こども園をいう。）を設置する社会福祉法人（社会福祉法（昭和26年法律第45号）第
　　　22条　に規定する社会福祉法人をいう。）については，第1条第1項及び第2項の規定に
　　　かかわらず，一般に公正妥当と認められる社会福祉法人会計の基準に従うことができる。

　　　附　　則（略）

III

学校法人の税務

1

概　　　要

① 税法上の取扱い

　学校法人についての税法上の取扱いは，一方で教育事業の保護・育成の見地から本来の教育事業からの所得については法人税・事業税・住民税は非課税とし，他方で税負担公平の見地から収益事業から生じる所得については課税しています。ただし，所得の90％以上を私立学校経営に充てている場合には住民税は非課税とされています。

　消費税については，基準期間（2期前）の課税売上高が1,000万円を超えていれば学校法人の場合も課税事業者となります。

　さらに，学校法人が給料等を支払う際には，源泉徴収義務も発生します。

　また，収益事業を営まない学校法人についても，年間収入8,000万円超の場合，収支計算書を所轄税務署に提出しなければなりません。

② 非　課　税

　税法上，学校法人の保護・育成の見地から以下のような特例が国税・地方税にあります。

税　　　目	非　課　税　の　範　囲
法　人　税	収益事業以外の事業から生じた所得
事　業　税	収益事業以外の事業から生じた所得
道府県民税	収益事業以外の事業から生じた所得
市町村民税	収益事業以外の事業から生じた所得
所　得　税	学校法人が支払いを受ける利子，配当等，利益の分配並びに報酬及び料金

印 紙 税	① 学校法人の定款，寄附行為 ② 学校法人の発する受取書 ③ 学校法人における委任状等 ④ 社会福祉法による生活困難者に対する貸付事業に係る文書
登録免許税	① 学校法人の法人登記 ② 自己の設置運営する学校の校舎等の所有権の取得登記など ③ 更生保護事業の用に供する建物の所有権の取得登記など ④ 住宅金融公庫等からの資金の貸付を受けて譲渡のため取得する建物の所有権の取得登記など
固定資産税 都市計画税	① 学校法人又は準学校法人が，その設置する学校において直接保育又は教育の用に供する固定資産 ② 学校法人又は準学校法人が，その設置する寄宿舎で，学校教育法第1条の学校又は専修学校に係るものにおいて直接その用に供する固定資産 ③ 公益社団法人及び公益財団法人，宗教法人，社会福祉法人が，その設置する幼稚園において直接保育の用に供する固定資産
不動産取得税	①〜③……固定資産税に同じ
事 業 所 税	指定都市等学校法人又は人格のない社団等が行う収益事業以外の事業に係る事業所床面積及び従業者給与総額並びに事業所用家屋でその事業に係るものの新築又は増設でこれらの者が建築主であるものに係る新増設事業所床面積

3 収 益 事 業

(1) 範 囲

　学校法人は，その設置する私立学校の教育に支障のない限り，私学法上の収益事業を行うことができます。その場合，寄附行為を改正して，所轄庁の認可を受けなければなりません。

　文部科学大臣所轄の学校法人が行うことのできる収益事業は，次の各号のいずれにも該当しないものでなければなりません（文部科学省平成20年告示第141号）。

　　① 経営が投機的に行われるもの

　　② 風俗営業などの規制及び業務の適正化などに関する法律に規定する営業

及びこれらに類似する方法によって経営されるもの

③　規模が当該学校法人の設置する学校の状態に照らして不適当なもの

④　自己の名義をもって他人に行わせるもの

⑤　当該学校法人の設置する学校の教育に支障のあるもの

⑥　その他学校法人としてふさわしくない方法によって経営されるもの

文部科学大臣所轄学校法人が行うことのできる収益事業の種類（日本標準産業分類による）は次の18種類です。

①　農業，林業

②　漁業

③　鉱業，採石業，砂利採取業

④　建設業

⑤　製造業（「武器製造業」に関するものを除く。）

⑥　電気・ガス・熱供給・水道業

⑦　情報通信業

⑧　運輸業，郵便業

⑨　卸売業，小売業

⑩　保険業（「保険媒介代理業」及び「保険サービス業」に関するものに限る。）

⑪　不動産業（「建物売買業，土地売買業」に関するものを除く。），物品賃貸業

⑫　学術研究，専門・技術サービス業

⑬　宿泊業，飲食サービス業（「料亭」,「酒場，ビヤホール」及び「バー，キャバレー，ナイトクラブ」に関するものを除く。）

⑭　生活関連サービス業，娯楽業（「遊技場」に関するものを除く。）

⑮　教育，学習支援業

⑯　医療，福祉

⑰　複合サービス業

⑱　サービス業（他に分類されないもの）

次に，法人税法上の収益事業に該当する事業は，下表の34種類に限定されており，該当すれば法人税等の申告が必要となってきます。

以上のことから，私学法上の収益事業と法人税法上の収益事業とは必ずも同一でない関係となっています。

　さらに，収益事業の範囲は，次の34種類に限定されていますが，学校法人がその収益事業を行うにあたり，その性質上その事業に付随して行われる行為も収益事業に含まれます。

　また，学校法人が，収益事業から生じた所得を，預金や有価証券などに運用した結果生じた利息や配当金も，収益事業の収入に含まれます。

　学校法人が，収益事業の用に供する固定資産等を処分する行為も，収益事業に該当します。

事　　　業	取　　　扱　　　い
物 品 販 売 業	①　学校法人の行う教科書類の教材販売は収益事業になりません ②　学校法人の行う文房具，編物機械等の販売は収益事業になります ③　学校法人の行う制服，制帽等の販売は収益事業になります
不動産販売業	学校法人が土地譲渡に当たりその土地上に集合住宅を建築等して分譲する行為は，収益事業になりますが，その土地が長期にわたり固定資産として保有され，土地譲渡を容易にするための行為のみされたような場合には，収益事業になりません
金 銭 貸 付 業	学校法人が継続的に貸付けを事業として行っている場合，貸付先の相手にかかわらず収益事業になります
物 品 貸 付 業	学校法人が行う貸金庫や貸ロッカーは収益事業になりますが，土地改良法等に基づく物品の貸付けは収益事業になりません
不動産貸付業	学校法人の行う土地・建物の賃貸業は収益事業になりますが，特定法人等が法令に基づいて行う不動産の貸付け等は収益事業になりません
製　　　造　　　業	学校法人が，製造場等を設け，自己の栽培等により取得した農作物等に加工を加え製造卸売をするような場合が，収益事業になります
通　　　信　　　業	学校法人が行う公衆電話サービス業務は収益事業になります
運　　　送　　　業	学校法人が直接行う運送業の他に運送取扱等も収益事業になりますが，通常の手段のみに利用されているスクールバスの運行は収益事業になりません

倉　庫　業	学校法人が行う一般の営業倉庫や寄託物品の保管業務も収益事業になります
請　負　業	学校法人の行う他の者の委託に基づいて行う調査，事務処理，研究，情報の収集等は収益事業になります
印　刷　業	学校法人の行う謄写印刷業や複写業が収益事業になります
出　版　業	学校法人の行う書籍等の出版事業のほか，名簿等を印刷して販売するような場合も収益事業になりますが，会員に配布する会報の出版は収益事業になりません
写　真　業	学校法人の行う写真撮影業やフィルムの現像業務が収益事業になります
席　貸　業	学校法人の行う席貸事業は収益事業になりますが，国等や会員等への席貸は収益事業になりません
旅　館　業	学校法人の行う学生寮は収益事業になりますが，寄宿舎宿泊施設の利用が，関連者の利用で，1泊1,000円以下の場合収益事業になりません
料理店業その他の飲食店業	学校法人が，公共施設等で食堂等を経営しているような場合収益事業になりますが，学校給食は収益事業になりません
周　旋　業 代　理　業 仲　立　業 問　屋　業 鉱　　　業 土石採取業 浴　場　業 労働者派遣業	学校法人にとってあまり関係ないと思われます
理　容　業	学校法人が理容所を経営しているような場合に，理容サービスの提供を行えば，収益事業になります
美　容　業	学校法人が美容所を経営しているような場合に，マッサージ等の美容サービスの提供を行えば，収益事業になります
興　行　業	学校法人が自ら劇団等を組織したり，他の興行主との契約により見せ物等の取次を行うような場合には収益事業になりますが，1回限りの特別記念の音楽会等のようなものを行っても収益事業にはなりません
遊技所業	学校法人が，野球場等の娯楽施設の運営業を行えば，収益事業になります

遊 覧 所 業	学校法人が，展望台等により景観等の観覧をさせるようなことを事業として行えば，収益事業になります
医 療 保 健 業	学校法人が，病院，治療所等を経営した場合，収益事業になります
技 芸 教 授 業	学校法人が，書道，華道など一定の技芸を教授する事業を行えば，収益事業になります
駐 車 場 業	学校法人が，月極めなどで駐車場の提供を事業として行えば，収益事業になります
信 用 保 証 業	学校法人が，金銭貸付業に代えて金融機関に担保を提供することにより，他の者の信用を保証して対価を受ける事業を行えば，収益事業になります
無 体 財 産 権 提 供 業	学校法人が，個人から工業所有権等の提供を受け，自らの研究開発により取得した工業所有権や著作権等を譲渡又は提供すれば，その収益は収益事業になります

(2) 経 理

　税務上の収益事業を営んでいる場合，収益事業から生ずる所得に関する経理と収益事業以外の事業から生ずる所得に関する経理とを区分して行わねばならず，この場合の所得に関する経理とは，単に収益及び費用に関する経理のみでなく，資産及び負債に関する経理も含みます。

　また，区分経理の方法として，収益事業並びに収益事業以外の事業に直接要した費用については，各々の費用として直接経理し，共通経費については，資産の使用割合や収入金額の比など合理的な基準により各々の事業に配賦します。

　以下に配賦基準の具体例を掲げておきますので，参考にして下さい。

配賦基準	共通経費の例
建 物 面 積	地代家賃，減価償却費，固定資産税
建 物 容 積	水道光熱費
従 業 員 数	福利厚生費，消耗品費
従 事 割 合	給料手当，退職金
資 産 割 合	支払利息

2
法　人　税

① 所得計算と税額計算

(1) 所得計算の通則

　法人税の課税標準は，法人の各事業年度の所得金額であり，所得金額は，益金の額から損金の額を控除して計算します。

　学校法人の場合の所得金額は，収益事業に係る益金の額から収益事業に係る損金の額を控除して計算します。

(2) 益 金 の 額

　益金の額とは，別段の定めのあるものを除き，資産の販売，有償又は無償による資産の譲渡又は役務の提供，無償による資産の譲受けで資産等取引以外のものに係る収益の額をいいます。

　学校法人の益金の額は，資本の元入に当たる非収益部門からの振替えや基本財産等の非収益部門として受け入れる寄附金を除き，収益事業として行う資産の販売，有償又は無償による資産の譲渡又は役務の提供，収益事業に関して受け入れる無償による資産の譲受けその他の取引に係るその事業年度の収益の額をいいます。

　また，収益事業を営む学校法人が，国，地方公共団体等から交付を受ける補助金，助成金等の額については，以下のような取扱いになります。

　① 　収益事業用の固定資産の取得又は改良に充当するために交付された補助金等は，収益事業に係る益金の額に算入しません。

　② 　収益事業に係る収入又は経費を補助するために交付された補助金等は，

収益事業に係る益金の額に算入します。

(3) 損 金 の 額

　損金の額とは，別段の定めのあるものを除き，収益に係る売上原価の額，販売費及び一般管理費その他の費用の額及び損失の額で資本等取引以外の取引に係るものをいいます。

(4) 企業利益と課税所得

　企業利益と課税所得とは，企業会計と税務の目的の相違から，必ずしも一致するものではなく，いわゆる企業会計上の当期利益から出発して，税務上の調整が加えられ，所得金額が計算されます。

(5) 税 額 計 算

　法人税額の計算は，所得金額を基礎とし，それに税額控除等の調整を行い，最後に税率19％（所得金額800万円までは15％）を乗じて計算を行います。
　また，平成26年10月1日以降開始事業年度から，法人税の納税義務がある学校法人については，各事業年度の課税標準法人税額に4.4％（令和元年10月1日以後に開始する事業年度については10.3％）を乗じた地方法人税を納付する義務が生じます。これは，平成31年10月1日以後に開始する事業年度から廃止され，法人事業税に復元されます。

(6) 申　　　告

　学校法人の法人税の申告は，中間申告の必要はなく，年1回の確定申告のみで，各事業年度終了の日の翌日から2か月以内に，所轄税務署長に，申告書を提出して行います。

② 役員給与

⑴ 役員の範囲
① 通常の役員

　法人税法上の役員は，法人の取締役，監査役，理事，監事及び清算人並びにこれら以外の者で法人の経営に従事している者で一定の者をいうため，学校法人については，理事及び監事はその職制上当然に役員に含まれることになります。

② みなし役員

　学校法人でも役員賞与が損金不算入のため，理事長の妻等を実質上経営に従事しているのにもかかわらず，役員から外すようなケースが考えられます。

　税法は，実質所得者課税を採っているため，学校法人内で役員の地位になくても，その法人内における実質的な地位やその行う職務等からみて，他の役員と同様に実質的に法人の経営に従事していると認められる場合には，これらの者も役員とみなして取り扱うこととしています。

③ 使用人兼務役員

　法人の役員の中には，役員と同時に使用人としての地位を有し職務を行っている者があり，このような役員を使用人兼務役員といいますが，税法上役員が使用人兼務役員になるためには，以下の3つの要件を全て満たさなければなりません。

　　㋑　理事長，専務理事，常務理事，理事のうち代表権を有するもの，監事，
　　　　清算人その他これらの者に準ずる役員に該当しないこと
　　㋺　使用人としての職制上の地位（例えば理事兼事務長等）を有すること
　　㋩　常時，実際に使用人としての職務に従事する者であること

⑵ 役員報酬
① 意　　義

　役員報酬とは，役員に対する給与のうち賞与及び退職給与以外のもので定期

に支給されるものをいいます。

　この役員報酬の中には，債務免除による利益その他の経済的な利益の額で定期に支給されるものも含まれます。

　さて，役員報酬として損金にできるものは，前出の定期同額給与の他，①事前確定届出給与（あらかじめ所定の時期に一定額を支給するものとして税務署に届出たもの）と，②業績連動給与（有価証券報告書に記載される指標などをもとに算定されたもの）があります。

　また，従前は，毎月の役員報酬の額面が一定金額のもののみが定期同額給与と認められていましたが，近年の改正により，手取額（源泉徴収等をした後の金額）が一定であれば，定期同額給与と認められるようになりました。

　さらに，インセンティブ報酬についても，一定要件を満たせば，損金算入できることになりました。

　なお，損金算入にあたっては，損金経理が要件となっています。

② 　損金不算入額

　法人税法上，役員報酬額のうち不相当に高額な部分の金額は，損金不算入になっており，その判定は次の形式基準と実質基準のうちいずれか多い方によります。

１） 　形 式 基 準

　寄附行為などに基づき報酬の支給限度額を定めている場合，その支給限度額を超える部分の金額が，過大役員報酬と判定されます。

２） 　実 質 基 準

　役員報酬の額が，その役員の職務の内容や，従事年数，その法人の収益状況や規模，使用人に対する給与の支給状況，その法人と規模や収益状況が類似する法人の役員報酬の支給状況等に照らして，その役員の職務対価として相当と認められる金額を超える部分の金額が過大役員報酬と判定されます。

(3) 役員賞与

① 意　　　義

　役員賞与とは，役員に対する臨時的な給与のうち，退職給与以外のものをいいます。

　この役員賞与の中には，債務免除による利益その他の経済的な利益の額も含まれます。

② 取　扱　い

１） 通常の役員賞与

　役員と法人の関係は委任関係という特殊な立場にあるところから，役員賞与についても全額損金不算入とされています。

２） 使用人兼務役員の使用人分賞与

　使用人兼務役員は，使用人としての地位と役員としての地位の両方を持っている特殊な立場から，その使用人の職務に対して支給した賞与のうち他の使用人に対する賞与の支給状況等に照らして，賞与として相当と認められる部分の金額は損金の額に算入されます。

(4) 役員退職給与

① 意　　　義

　役員退職給与とは，役員に対して退職を基因として支払う臨時の給与をいいます。

　具体的には，退職手当金，一時恩給その他退職により一時に受ける給与等をいいますが，遺族手当，葬祭料，香典といったものは含まれません。

② 損金算入額

　役員退職給与についてはその費用的性格概念が明確でないところから，法人がその支出事業年度に損金経理した金額のうち，不相当に高額と認められる部分以外の金額のみが損金の額に算入されます。

　以上により役員給与の取扱いをまとめてみますと，以下のようになります。また，これらの取扱いの対象は，学校法人にあっては，収益事業に係るものに

限られます。

	通常の役員（みなし役員含む）	使用人兼務役員
報　　酬	適正額損金算入	同　左
賞　　与	全額損金不算入	使用人分で適正額損金算入
退職給与	損金経理した金額のうち適正額損金算入	同　左

③ 寄 附 金

(1) 範　　囲

　寄附金の額は，寄附金・拠出金・見舞金その他いずれの名義をもってするかを問わず，法人が金銭その他の資産又は経済的利益の贈与又は無償の供与（交際費等となるものは除く。）をした場合のその供与時の価額とされています。この中には，低額譲渡など実質的に贈与したものも含まれます。

　また，利益処分をしたものの未払いのものは，支出寄附金に含まれません。

(2) みなし寄附金

　学校法人が収益事業部門から学校部門のために支出した金額は，その収益事業に係る寄附金の額とみなされます。

　具体例として，①収益事業部門が学校部門から借入をしてこの借入金に対して利息を支払った場合，②学校施設の一部を収益事業部門で使用し，その使用料を学校部門へ支払った場合などがあります。

(3) 損金算入限度額

　学校法人の寄附金の損金算入限度額は，試験研究法人等に対するものについて特例の適用はなく，国又は地方公共団体に対する寄附金及び指定寄附金の特例のみ適用があり，以下の①と②の大きい方と③の合計額が，損金算入限度額となります。

① 寄附金支出前の所得金額 × $\dfrac{50}{100}$

② 年200万円

③ 国又は地方公共団体への寄附金，指定寄附金額（収益事業に係るもののみ対象）

④ 交　際　費

(1) 範　　囲

　交際費とは，得意先，仕入先，その他事業に関係のある者に対する交際費，接待費，機密費その他の費用で，これらの者に対する接待，供応，慰安，贈答その他これらに属する行為のために支出した費用をいい，特に給与，福利厚生費，寄附金など隣接費との区分が重要となります。

　また，学校法人の場合，収益事業以外の部門の交際費の支出は当然問題になりません。

(2) 損金算入限度額

　学校法人の交際費の損金算入限度額の計算にあたっては，まず，①により資本金の額に相当する額を求めて，それを②の区分にあてはめて求めます。

　① 学校法人における資本の額

　　{(資産総額－負債総額)－(帰属収入－消費支出)} × 60％

　② 損金不算入額

事業年度末資本又は出資金額	損金不算入額
1億円以下	接待飲食費の50％又は年間800万円を超える金額
1億円超	接待飲食費の50％

(3) 隣接費との区分

① 給与との区分

　役員に対して交際費等の名目で渡し切り支給されるものは役員給与とされま

す。

また，常時支給される昼食等の費用も給与とされます。

② 福利厚生費との区分

法人間で支出されるもので，創立記念日等の時に役員等に概ね一律に提供される通常の飲食費や法人の親族に対する慶弔費等は福利厚生費とされます。

③ 寄附金との区分

金銭を贈与した場合に事業と直接関係のあるものか否かにより交際費又は寄附金となります。

④ 加入金，会費等との区分

以下の表のように区分されます。

		レジャークラブ	ゴルフクラブ	社交団体	ロータリークラブ ライオンズクラブ
入会金	個人会員	給与	給与	給与	交際費
	法人会員	資産	資産	交際費	
会費等	入会金が給与の時	使途に応じて交際費，福利厚生費，給与に区分	給与	給与	交際費
	その他		交際費	交際費	
その他費用	業務遂行上必要		交際費	交際費	支出目的に応じて交際費，寄附金に区分
	その他		給与	給与	

5 使途秘匿金

学校法人においても支出した使途秘匿金については，通常の法人税課税に加え，その支出額の40％相当額が法人税額に加算されます。

ここで，使途秘匿金とは，金銭の支出のうち，相当の理由がなく，その相手方の氏名又は名称及び住所又は所在地並びにその事由をその法人の帳簿書類に記載していないものをいうこととされています。

⑥ 租 税 公 課

(1) 概　　要

　学校法人についても収益事業を営む場合には，法人税の納税義務を一般の営利法人と同様に負い，その行う収益事業に係る所得については法人税の他に都道府県民税及び市町村民税が，当該収益事業に係る固定資産については固定資産税が，当該収益事業については事業税が，それぞれ課税されます。

(2) 取 扱 い

　法人税法上の租税公課の取扱いは，以下のとおりです。

税　　　目		損　　金	損金計上不可
法人税	下記以外		○
	還付加算金の返納額	○	
延滞税等の附帯税			○
都道府県民税，市町村民税			○
地方税の延滞金等	下記以外		○
	納期限の延長に係る延滞金	○	
罰科金			○
源泉所得税	税額控除を選択しなかった所得税	○	
	法人税額から控除される所得税		○
事業税	前期確定，当期中間分	○	
	当期確定分		○（翌期損金）
その他（消費税，地価税，固定資産税など）		○	

⑦ 保 険 料

　学校法人が契約者となり，収益事業に従事している役員又は使用人を被保険者とした場合には，保険の種類や受取人の違いによって，以下のように取り扱われます。

種類	受　取　人	保険料の取扱い
養老保険	法　　人	全額資産計上
	被保険者又は遺族	給　　与
	満期保険金……法　　人 死亡保険金……遺　　族	2分の1　資産計上 2分の1　損金
定期保険	定期保険の取扱いは，（注）のように，最高解約返戻率に応じて，4つに区分されます。	
養老保険付定期	保険料が養老保険料と定期保険料とに区分されている場合	養老保険料部分……養老保険の取扱い 定期保険料部分……定期保険の取扱い
	保険料が区分されていない場合	全て養老保険の取扱い
長期平準払定期保険	法　　人	（加入時の年齢＋保険期間の年数×2）＞105の場合 　　㋑　保険期間の6割経過時 　　　　　2分の1　資産計上 　　　　　2分の1　損金算入 　　㋺　保険期間の6割経過後 　　　　全額損金
		上記以外の場合全額損金
個人年金保険	死亡給付金，年金いずれも法人	資産計上
	死亡給付金，年金いずれも被保険者の遺族	給　　与
	死亡給付金……被保険者の遺族 年　　金……法　　人	90%　資産計上 10%　時の経過に応じ損金算入

（注）定期保険4つの区分と概要

	最高解約返戻率	資産計上期間	資産計上額 （残額を損金導入）	取り崩し期間
①	50%以下 [*1]	なし	なし	なし
②	50%超 70%以下	保険期間の当初4割相当の期間を経過する日まで	当期支払保険料の40%	保険期間の7.5割相当の期間経過後から保険期間の終了の日まで
③	70%超 85%以下	保険期間の当初4割相当の期間を経過する日まで	当期支払保険料の60%	保険期間の7.5割相当の期間経過後から保険期間の終了の日まで

		次のAとBのうちいずれか長い期間まで A：保険期間開始日から最高解約返戻率となる期間の終了の日まで B：Aの期間経過後において「(当年の解約返戻金相当額－前年の解約返戻金相当額)÷年換算保険料相当額$^{(*2)}$」が70％を超える期間 (注) 上記の資産計上期間が5年未満となる場合には，5年間（保険期間が10年未満の場合には，保険期間の当初5割相当期間を経過する日まで）	・保険期間の当初10年経過する日まで 当期支払保険料×最高解約返戻率の90％ ・保険期間の11年目以降残りの資産計上期間 当期支払保険料×最高解約返戻率の70％	解約返戻金が最も高い金額となる期間契約後$^{(*3)}$から保険期間の終了の日まで
④	85％超			

- （＊1）　保険期間3年未満のもの，最高解約返戻率が50％超70％以下かつ一被保険者あたりの年換算保険料相当額が30万円以下（全保険会社の契約を通算）のものを含みます。
- （＊2）　年換算保険料相当額＝その保険の保険料の総額÷保険期間の年数
- （＊3）　資産計上期間が上記表内の（注）に該当する場合には，（注）による資産計上期間の経過後となります。

8　貸倒損失

(1)　概　　要

　学校法人の有する収益事業に係る未収入金や貸付金について，所定の場合，貸倒処理ができます。

(2)　未収入金について

　債務者について以下の事実が生じた場合には，その債務者に対して有する売掛債権（未収入金）について，1円の備忘価額を残してその他を貸倒処理できます。

- ①　債務者との取引停止時以後1年以上経過した場合（担保物のある場合を除く。）
- ②　法人が同一地域の債務者について有する売掛債権の総額がその取立てのために要する旅費その他の費用に満たない場合，その債務者に対して支払

いを督促したにもかかわらず弁済がない時

(3) 貸付金について

債務者の債務超過の状態が相当期間継続し，その貸付金の弁済を受けることができないと認められる場合において，その債務免除額を債務者に対して書面で明らかにした時には，貸付金の一部切捨処理が認められます。

さらに，その債務者の資産状況，支払能力等からみてその全額が回収できないことが明らかになった場合において，その事業年度に担保物処分後に貸付金の全額を貸倒れとして損金経理した場合は，その処理は認められます。

9 リース取引

(1) 意　義

リース取引とは，税務上，リース期間が定められており，リース会社がその期間中に物件代金やこれに付随する諸費用一切をほぼ全額回収し，リース期間中の解約が原則的に禁止されているものをいい，学校法人の場合，収益事業に係るリース料については，以下のように取り扱われます。

(2) 取扱い

通常，リース料全額が損金算入されますが（通常の賃貸借取引に係る方法に準じる会計処理)，売買とみなされるリース取引など特別なものについては，一般の取扱いと同じでは不公平となるので，通常の売買取引に係る方法に準じて会計処理をします。すなわち，資産計上して，減価償却を行うことになります。

ただし，リース契約1件当たりのリース料総額が300万円以下のものや，リース期間1年以内のものについては，通常の賃貸借取引に係る方法に準ずる会計処理による簡便的な取扱いができます。

⑩　固定資産と減価償却

⑴　固 定 資 産

①　範　　　囲

　固定資産とは，たな卸資産，有価証券及び繰延資産以外の資産のうち，次に掲げるものをいいます。

- (イ)　土地（土地の上に存する権利を含む。）
- (ロ)　減価償却資産
- (ハ)　電話加入権その他

②　減価償却資産

　減価償却資産とは，次に掲げるものをいいます。

- (イ)　建　　　物
- (ロ)　建物附属設備
- (ハ)　構　　築　　物
- (ニ)　機械及び装置
- (ホ)　車両及び運搬具
- (ヘ)　器具及び備品
- (ト)　無形減価償却資産
- (チ)　生　　　物

③　少額減価償却資産

　取得価額が10万円未満又は使用可能期間が1年未満の減価償却資産について，一時に全額損金経理することが認められています。

　取得価額が20万円未満の資産については，事業年度ごとに一括して3年間で償却できます。

　一定の青色申告法人については，30万円未満のものにつき，300万円を限度に即時償却できます。

④　取　得　価　額

　購入した減価償却資産の取得価額は，その購入代価に引取運賃等の付随費用

を加算した金額によります。

　ただし，固定資産取得のための借入金利息については，取得価額計算又は損金経理のいずれかを選択することが法人に委ねられています。

　また，土地建物一括取得の場合，合理的な基準によって按分計算を行う必要があります。

⑵　減 価 償 却
①　意　　　義

　減価償却とは，減価償却資産について，その取得価額を使用可能期間に費用として配分する手続きをいいます。

　法人税法上の特徴としては，任意償却で損金経理を要求していること，償却費の最高限度額を設けていること，償却方法も定型化していること，特別償却を認めていること等が挙げられます。

　また，学校法人でその減価償却資産を収益事業以外の事業と共用しているような場合には，償却費を按分しなければならず注意が必要です。

②　償 却 方 法

　　㋑　定額法……償却限度額＝(取得価額－残存価額(注1))×償却率

　　㋺　定率法……償却限度額＝(取得価額－償却累計額)×償却率(注2)

　　㋩　その他……生産高比例法，取替法など

　　（注1）　残存価額は有形減価償却資産については取得価額の10％，無形減価償却資産はゼロです。

　　（注2）　定率法の償却率は，原則定額法の償却率の2.5倍になりました。
　　　　　　なお，平成24年4月1日以後取得分についての償却率は，定額法の償却率の2倍になります。

　　Ⓐ　平成19年4月1日以後に取得をされた減価償却資産

　　　　償却可能限度額（取得価額の95％相当額）及び残存価額が廃止され，耐用年数経過時点に「残存簿価1円」まで償却できるようになりました。

　　Ⓑ　平成19年3月31日以前に取得をされた減価償却資産

　　　　従前の償却方法については，その計算の仕組みが維持されつつ，その

名称が旧定額法，旧定率法等と改められた上，前事業年度までの各事業年度においてした償却費の累積額が，原則として，取得価額の95％相当額（従前の償却可能限度額）まで到達している減価償却資産については，その到達した事業年度の翌事業年度（平成19年4月1日以後に開始する事業年度に限られます。）以後において，次の算式により計算した金額を償却限度額として償却を行い，残存簿価1円まで償却できるようになりました。

$$\begin{matrix}償\ \ \ 却\\限度額\end{matrix} = \left(\begin{matrix}取得\\価額\end{matrix} - \begin{matrix}取得価額の\\95％相当額\end{matrix} - 1\,円\right) \times \dfrac{償却を行う事業年度の月数}{60}$$

③　償却方法の届出及び変更

　新設学校法人で法定償却方法以外の方法を選択する場合は，設立日の属する事業年度の確定申告書の提出期限までに選定した償却方法を所轄税務署長に届け出なければならず，償却方法を変更する場合には，事業年度開始の日の前日までに所轄税務署長に届け出て，承認を受けなければなりません。

④　法定償却方法

　法人が償却方法の届け出をしなかった場合には，建物（建物附属設備，構築物）については定額法，鉱業用減価償却資産 (注) については生産高比例法，それ以外のものについては定率法で償却計算をしなければなりません。

　（注）　鉱業用減価償却資産のうち建物，建物附属設備，構築物については定率法廃止。

⑤　期中取得資産の償却限度額

　減価償却資産を事業年度の中途で事業の用に供した場合には，次の算式により計算した金額が償却限度額となります。

$$償却限度額 = 年間償却限度額 \times \dfrac{事業供用月数}{12}$$

⑥　中古資産の耐用年数

　1）　原　　　　則……見積残存耐用年数

　2）　簡　便　法

　　㋑　法定耐用年数の全部経過の場合

法定耐用年数×20％

　　　㋺　法定耐用年数の一部経過の場合

　　　（法定耐用年数−経過年数）＋経過年数×20％

　　　（注）　１年未満の端数は切捨て，２年未満は２年とする。

⑦　償却可能限度額

　１）　有形減価償却資産……取得価額の95％（平成19年４月１日以後取得のも

　　　　　　　　　　　　　　　　　　のは備忘価額１円まで償却可能）

　２）　無形減価償却資産……取得価額全部

⑧　資本的支出

　固定資産取得後に以下のような支出をして，その価値が増加した場合や耐用
年数が延長される場合には，一定の金額を資本的支出として取得価額に加えな
ければなりません。

　　㋑　建物の避難階段の取付等物理的に付加した部分に係る費用の額

　　㋺　用途変更のための模様替え等改造又は改装に直接要した費用の額

11　貸倒引当金

⑴　概　　　要

　学校法人の収益事業に係る貸金について実際の貸倒は稀であっても，青色・
白色を問わず，損金経理を要件として，将来の貸倒による損失に備えるため，
一定率までの貸倒引当金の設定が認められます。

⑵　貸金の範囲

　以下のものが該当します。

①　売　掛　金

②　未　収　入　金

③　貸　付　金

④　未収の損害賠償金，保証債務の求償権等

　　（注）　預貯金の未収利子，前払給料，概算払旅費などは含まれません。

(3) 繰入限度額

　貸倒引当金の繰入限度額の計算は，次の貸倒実績率による方法（原則法）と法定繰入率による方法（特例法）のいずれか大きい方によります。

① 貸倒実績率による方法（原則法）

$$期末貸金の額 \times \cfrac{\cfrac{分母の各事業年度における貸倒損失の合計額}{当該事業年度開始の日前3年以内に開始した各事業年度の期末貸金額の合計額} \times \cfrac{12}{左の各事業年度の月数の合計数}}{} \div 左各事業年度の数$$

　＝繰入限度額（小数点以下4位未満切上げ）

② 法定繰入率による方法（特例法）

　学校法人などの公益法人等は，①に代えて以下の算式によって，繰入限度額を計算することができます。

$$繰入限度額 = \left(\begin{matrix} 期末一括評価金銭 \\ 債権の帳簿価額 \end{matrix} - \begin{matrix} 実質的に債権と \\ みられない金額 \end{matrix} \right) \times 法定繰入率_{(注)}$$

　（注）　法定繰入率は下表のとおりです。

卸売業及び小売業（飲食店業及び料理店業を含みます。）	製　造　業	金融業及び保険業	割賦販売小売業並びに包括信用購入あっせん業及び個別信用購入あっせん業	そ　の　他
10／1000	8／1000	3／1000	7／1000	6／1000

　学校法人の繰入限度額は，上記①と②いずれかの金額に10％（平成29年4月1日から平成31年3月31日までの間に開始する事業年度）の割増ができましたが，平成31年度改正において，上記の公益法人等又は協同組合等の特例措置は，適用期限の到来をもって廃止されました。なお，平成31年4月1日から令和5年3月31日までの間に開始する各事業年度における貸倒引当金の繰入限度額の計算については，旧法による割増率（10％）に対して1年ごとに5分の1ずつ縮小した率による割増しを認める経過措置が講じられています。

12 繰越欠損金

(1) 概　　要

　学校法人の収益事業に係る所得計算も一般営利法人と同様に原則として各事業年度ごとに期間を区切って計算されるため，当期以前の事業年度において欠損金額があっても，その後の事業年度の所得計算との通算はできませんが，以下のような場合にはこうした通算が認められています。

(2) 青色申告事業年度の欠損金の繰越控除

　確定申告書を提出する学校法人の各事業年度開始の日前7年又は9年又は10年以内に開始した事業年度において生じた欠損金額があり，かつ，以下の①と②の要件を満たした場合には，その欠損金額に相当する金額は，7年間（平成20年4月1日以後開始事業年度に生じた欠損金は9年間，平成29年4月1日以後開始のものは10年間）繰り越してその各事業年度の所得の金額の計算上，損金の額に算入されます。

　　①　欠損金額発生事業年度に青色申告書である確定申告書を提出していること
　　②　その後の事業年度において連続して確定申告書（青色・白色は問わない）を提出していること

　なお，(3)の災害損失金の繰越控除も同様ですが，中小法人等以外の法人の繰越控除限度額は，平成24年以降は所得の80％，平成27年以降は所得の65％，平成30年以降は所得の50％に各々制限されます。

(3) 災害損失金の繰越控除

　確定申告書を提出する学校法人の各率業年度開始の日前7年又は9年又は10年以内に開始した事業年度（青色申告は要件でない）に生じた欠損金額のうち，震災，風水害，火災等により，棚卸資産，固定資産等について生じた損失に係るもので，災害による繰越欠損金とされる一定の欠損金額は，7年間（平成20

年4月1日以後開始事業年度に生じた欠損金は9年間，平成29年4月1日以後開始の
ものは10年間）繰り越してその各事業年度の所得の金額の計算上，損金の額に
算入されます。

⑷　欠損金の繰戻し還付

　学校法人を含む中小法人等の平成21年2月1日以後に終了する各事業年度
において生じた欠損金額については，次の算式により計算した金額を，欠損金
の繰戻しによる還付ができるようになりました。

　ただし，この制度は中小企業者を除き，令和4年3月31日までに終了する
事業年度の欠損金額については，その運用が停止されています。

$$還付所得事業年度の法人税額 \times \frac{欠損事業年度の欠損金額}{還付所得事業年度の所得金額}$$

3
消　費　税

① 概　　要

　学校法人の場合も基準期間（2期前）の課税売上高を調べ，1,000万円を超えていれば消費税の課税業者となります。

　消費税については，収益事業以外のものでも課税されることもあり，課否の区分は消費税独自の基準で決定されますが，学校法人についてはその資産の譲渡や役務の提供について非課税取引が多いということはいえましょう。

② 課 税 取 引

(1) 国 内 取 引

　国内取引の課税対象は，以下の全ての要件に該当する取引をいいます。

　①　資産の譲渡，資産の貸付け及び役務の提供であること

　②　国内において行うものであること

　③　事業者が事業として行うものであること

　④　対価を得て行うものであること

　また，個人事業者の資産の家事消費又は使用や法人の役員への資産贈与については，課税対象とみなされます。

(2) 輸 入 取 引

　保税地域から引き取られる外国貨物に対して課税されます。

③　非課税取引

(1)　性格上課税対象とならないもの

① 　土地等の譲渡及び貸付け（一時的使用を除く。）

② 　有価証券や支払手段等の譲渡

③ 　貸付金の利子を対価とする資産の貸付け等の金融取引及び保険料を対価とする役務の提供等

④ 　国及び地方公共団体の行う行政サービス

⑤ 　物品切手等の譲渡

⑥ 　国際郵便為替及び外国為替取引等

(2)　特別の政策的配慮によるもの

① 　健康保険法等の医療保険各法，老人保険法，生活保護法，公害健康被害の補償等に関する法律又は労働者災害補償保険法に基づいて行われる医療の給付等

② 　社会福祉法に規定する第1種社会福祉事業及び児童福祉法に規定する保育所又は助産施設を経営する事業として行われる資産の譲渡等

③ 　学校の授業料，入学検定料，入学金，施設設備費，在学証明等の手数料，教科書の販売など

④　不課税取引

不課税取引とは，課税取引の中に入っていない取引のことで，例えば，国等から交付される補助金，対価性のない会費，寄附金といったものがこれに該当します。

非課税取引との相違については，課税売上割合の計算にあたって非課税売上は含まれますが，不課税取引に係る収入は除外されます。

なお，以下に学校法人会計基準の収支科目と消費税の取扱いを表でまとめておきましたので参考にして下さい。

（収入の部）

区　　分	細　　目	判定 課税	判定 非課税	判定 特定収入	判定 その他特定
学生生徒等納付金収入	授　業　料　収　入		○		
	入　学　金　収　入		○		
	実　験　実　習　料　収　入		○		
	施　設　設　備　資　金　収　入		○		
	教　材　料　収　入		○		
	暖　房　費　収　入		○		
手数料収入	入　学　検　定　料　収　入		○		
	試　験　料　収　入		○		
	証　明　手　数　料　収　入		○		
寄附金収入	特　別　寄　附　金　収　入			○	
	一　般　寄　附　金　収　入			○	
補助金収入	（国庫補助金収入など）				
	土地を除く物件費補助金			○	
	（それ以外は課税対象外）				
	使途の定めのないもの			○	
資産運用収入	（奨学基金運用収入）				
	（受取利息配当金収入）				
	証券投資信託の特別配当金			○	
	株式配当金・出資分配金			○	
	上　記　以　外		○		
	施　設　設　備　利　用　料　収　入		○		
	駐　車　料　他	○			
	土　地・借　地　権　賃　貸　料		○		
資産売却収入	（不　動　産　売　却　収　入）				
	建物・構築物売却収入	○			
	土　地・借　地　権　売　却　収　入		○		
	（有　価　証　券　売　却　収　入）				
	株式形態ゴルフ会員権売却収入	○			
	そ　の　他		○		
	その他の資産売却収入	○			
事業収入	（補　助　活　動　収　入）				
	（付　属　事　業　収　入）				

区分	細目				
	社 会 保 険 医 療 収 入 な ど		○		
	そ の 他	○			
	受 託 事 業 収 入	○			
雑収入	（退職金団体交付金収入）				○
	廃 品 売 却 収 入	○			
	入 学 案 内 書 頒 布 収 入	○			
	損 害 賠 償 金 収 入			○	
	補 償 金，違 約 金 収 入			○	
	保 険 金 収 入			○	
	そ の 他 の 雑 収 入	○			
借入金等収入					○
前受金収入					○
その他の収入	前 期 末 未 収 入 金 収 入				○
	貸 付 金 回 収 収 入				○
	預 り 金 受 入 収 入				○
	そ の 他	○			

（支出の部）

区　　分	細　　目	判　　定	
		控 除 可	控除不可
教 員 人 件 費 支 出	本務教職員本俸		○
	本務教職員期末手当		○
	本務教職員その他の手当（通勤手当）	○	
	本務教職員その他の手当（通勤手当を除く）		○
	本務教職員所定福利費		○
	（課税資産の購入を伴う現物支給は，課税）		
	兼務教職員人件費		○
役 員・報 酬 支 出			○
（退職給与引当金繰入額）			
退 職 金 支 出			○
消 耗 品 支 出	教材及び保健衛生用消耗品費	○	
	事 務 用 品 費	○	
	消 耗 品 費	○	
光 熱 水 費 支 出	電気，ガス，水道，下水道代	○	
	灯油その他の燃料費	○	

旅費交通費支出	国内旅費運賃	○	
	通常必要と認められる国内出張旅費，宿泊費及び日当	○	
	転勤引越費用及び赴任支度金	○	
	一時駐車料及び高速道路通行料	○	
	外部講師等に対する実費支払の交通費，宿泊費	○	
	海外渡航の旅費，交通費，宿泊費，日当等		○
	自社使用オレンジカード，メトロカードの購入		○
奨 学 費 支 出	奨学金制度にもとづく奨学金支出		○
車 輌 燃 料 費 支 出	スクールバス等のガソリン代	○	
福 利 費 支 出	学校安全会掛金，傷害保険料		○
	学生生徒，教職員に対する慶弔費，見舞金		○
	表彰記念品，見舞品等の購入費用	○	
	福利厚生を目的とした共済会，互助会等に対する補助金		○
	同上共済金，互助会等の用具の購入・宿泊費	○	
	教職員国内慰安旅行費用	○	
	教職員海外慰安旅行費用		○
	教職員に対する制服の支給費用	○	
	教職員の残業夜食代	○	
	教職員の残業夜食代補助金		○
	寮，教職員住宅，保養所，厚生施設の運用経費（人件費，住宅家賃に該当するものを除く）	○	
	教職員用のレジャー，スポーツクラブ等の会費・入会金	○	
	学生生徒・教職員に係る社会保険の医療費（学校負担分）		○
通 信 運 搬 費 支 出	国内電信電話，郵送料	○	
	国際電信電話，郵送料		○
	自社使用の郵便切手（原則は使用時に課税仕入となる。），テレホンカード		○
	JR運賃，航空運賃，宅急便代	○	
	荷 造 費 用	○	
	保 管 費 用	○	
	運 送 事 故 保 険		○

印 刷 製 本 費 支 出	教材，募集要項，入学案内等の印刷費用	○	
	印刷の製本費用	○	
出 版 物 費 支 出	国内の新聞，雑誌及び図書に該当しない書籍の購入費用	○	
	海外の新聞，雑誌等の輸入費用	○	
修 繕 費 支 出	施設設備等の修繕費用	○	
	補修用資材の購入費用	○	
損 害 保 険 料 支 出	建物等の火災保険料		○
	車 輌 保 険 料		○
賃 貸 料 支 出	地　　　　　代		○
	野球場，プール，テニスコート等の賃借料	○	
	駐車場，駐輪場の使用料	○	
	家賃及び共益費	○	
	リース契約によるリース料	○	
	ファイナンスリース料のうち利子又は保険料として明示されている金額		○
	敷金，保証金のうち返還されない部分（土地，住宅以外）	○	
公 租 公 課 支 出	不 動 産 取 得 税		○
	固定資産税，都市計画税		○
	印　　紙　　税		○
	自動車税，自動車重量税，自動車取得税		○
	登 録 免 許 税		○
広 報 費 支 出	学生生徒の募集のための新聞，雑誌等の広告料	○	
	ポスター，パンフレットの製作，配付等の費用	○	
諸 会 費 支 出	教育関係団体等に対する会費等で対価性のないもの		○
会 議 費 支 出	会議のための会場使用料，茶菓，弁当代	○	
渉 外 費 支 出	接待飲食費，交通費，宿泊費用	○	
	接待ゴルフプレー費用	○	
	贈 答 用 費 用	○	
	記念行事の宴会費，交通費，記念品代	○	
	国内の招待旅行，観劇費用	○	
	海外への招待旅行費用		○

勘定科目	内容		
	慶　弔　費		○
	費途の明らかでない渉外費		○
	オレンジカード，テレホンカード，商品券，ギフト券，図書券等のプリペイドカードの贈答費用		○
報　酬・委　託・手　数　料　支　出	教職員研修会の参加費，受講料	○	
	講　演　料	○	
	医師の検診料	○	
	施設設備の保守点検料	○	
	弁護士，公認会計士，税理士，弁理士，司法書士等の報酬	○	
	仲　介　手　数　料	○	
	銀行振込手数料	○	
	行　政　手　数　料		○
生徒活動補助金支出　補助活動仕入支出	生徒会，クラブ活動等に対する補助金		○
	給食用材料の購入費用	○	
	販売用品の購入費用	○	
雑　　　　　　費	罰　科　金		○
	損害賠償金（ただし，対価性が認められるものは課税）		○
	損　害　賠　償　金		○
	和　解　金		○
	各種団体，祭礼等への寄附金		○
	物品の現物寄附	○	
借入金利息支出　学校債利息支出			○
			○
土　地　支　出	土地の購入代価		○
	土地の購入に係る仲介手数料	○	
	土地の造成に係る費用	○	
	不動産取得税，登録免許税		○
建　物　支　出		○	
構　築　物　支　出		○	
建　設　仮　勘　定　支　出			○
借　地　権　支　出			○
施　設　利　用　権　支　出		○	

		○
教育研究用機器備品支出		○
その他の機器備品支出		○
図　書　支　出		○
車　輌　支　出		○
電話加入権支出		○
立　木　支　出		○
動　物　支　出		○

5　納税義務者及び税率

　消費税の納税義務者は，基準期間（個人は前々年，法人は前々事業年度）の課税売上高が1,000万円超の個人及び法人の事業者で，税率は原則10％（令和元年10月1日以前は8％）です。

　さらに，飲食料品の譲渡などの8％の軽減税率が導入されたことにより，新標準税率10％，旧標準税率8％，軽減税率8％の3つの税率が混在することになりました。

　なお，前年の上半期の売上高が1,000万円超の場合，翌課税期間から課税事業者となることがあります。

6　税額計算の原則

(1)　概　　要

　学校法人においても基準期間の課税売上高が5,000万円を超えれば，当然原則的な税額計算の算式（納付税額＝課税売上に係る消費税額－課税仕入に係る消費税額）によりますが，学校法人の場合，国又は地方公共団体等から課税仕入れに係る消費税を含めて交付される収入その他課税売上に対応しない収入（特定収入）があり，以下(3)のような課税仕入に係る消費税額の特例計算が行われるため非常に複雑なものとなっています。

　もちろん，旧標準税率8％の取引や軽減税率8％の取引のものがあれば，それらを考慮して税額計算が行われます。

(2) 税額計算に必要な用語の説明

用　　語	説　　　　明
収入区分	収入 ─┬─ 資産の譲渡等の対価 ─┬─ 非課税売上 　　　　　　　　　　　　　　　└─ 課税売上 　　　└─ 不課税収入 ─┬─ 特定収入 　　　　　　　　　　　　└─ 特定収入以外の収入 特定収入 ─ ・法令等において課税売上のみ使用される課税仕入等に充てられる明確な特定収入（A特定収入） ・法令等において課税売上の非課税売上に共通して使用される課税仕入等に充てられる明確な特定収入（B特定収入） ・使途不特定の特定収入（C特定収入）
特定収入	資産の譲渡等の場合に対価性のない以下のような収入 ① 補助金等の収入 ② 寄附金収入 ③ 保険金，配当金収入 ④ 一般会費収入 ⑤ 他会計からの繰入収入
特定収入割合	$特定収入割合 = \dfrac{特定収入}{税抜課税売上高 + 非課税売上高 + 特定収入}$
課税売上割合	$課税売上割合 = \dfrac{税抜課税売上高}{税抜課税売上高 + 非課税売上高}$
調整割合	$調整割合 = \dfrac{C特定収入}{税抜総売上高 + C特定収入}$
通算調整割合	通算課税期間（その課税期間を含む過去3年間）において，次の計算式により算出した割合 $通算調整割合 = \dfrac{通算課税期間のC特定収入}{通算課税期間の税抜総売上高 + 通算課税期間のC特定収入}$
個別対応方式	課税期間における課税仕入高に含まれる消費税額を， ① 課税資産の譲渡等にのみ要するもの ② 課税資産の譲渡等以外の資産の譲渡等にのみ要するもの ③ 課税資産の譲渡等と課税資産の譲渡等以外の資産の譲渡等に共通して要するものに合理的に区分した上，以下の算式により計算した

	金額を課税売上に係る消費税額から控除する方式です。 $$控除消費税額＝\frac{①に対する}{消費税額}＋\frac{③に対する}{消費税額}×課税売上割合$$
一括比例配分方式	以下の算式により計算した金額を課税売上に係る消費税額から控除する方式です。 控除消費税額＝課税仕入に係る消費税額×課税売上割合

(3) 課税仕入に係る消費税額（仕入税額控除額）の特例計算

場　　合	仕入税額控除額の計算
特定収入割合が5％超かつ課税売上割合が95％以上	① （A特定収入＋B特定収入）$\times\dfrac{10}{110}$ ② （通常の仕入税額控除額－①）×調整割合 ③ 仕入税額控除額＝通常の仕入税額控除額－①－②
特定収入割合が5％超かつ課税売上割合が95％未満で個別対応方式の場合	① A特定収入$\times\dfrac{10}{110}$ ② B特定収入$\times\dfrac{10}{110}$×課税売上割合 ③ （課税売上に対応する課税仕入に係る消費税＋課税・非課税売上に共通する課税仕入に係る消費税×課税売上割合－①－②）×調整割合 ④ 仕入税額控除額＝通常の仕入税額控除額－①－②－③
特定収入割合が5％超かつ課税売上割合が95％未満で一括比例配分方式の場合	① A特定収入$\times\dfrac{10}{110}$×課税売上割合 ② （通常の仕入税額控除額×課税売上割合－①）×調整割合 ③ 仕入税額控除額＝通常の仕入税額控除額×課税売上割合－①－②
調整割合と通算調整割合との差が20％以上の場合	ⓐ＝通算課税期間において，特定収入があることにより制限された仕入税額控除合計額 ⓑ＝通算課税期間の各期間について，調整割合でなく通算調整割合を用いて特定収入があることにより制限された仕入税額控除合計額 ① ⓐ＞ⓑの場合 　　仕入税額控除額＝通常の仕入税額控除額－特定収入があることにより制限される仕入税額控除額－(ⓐ－ⓑ) ② ⓐ＜ⓑの場合 　　仕入税額控除額＝通常の仕入税額控除額－特定収入があることにより制限される仕入税額控除額＋(ⓑ－ⓐ)

7 インボイス制度

　令和5年10月1日からインボイス制度（適格請求書等保存方式）が導入されます。そこで，まずインボイス（適格請求書）とは，売手が買手に対して，正確な適正税率や消費税額等を伝えるものです。

　具体的には，現行の「区分記載請求書」に「登録番号」，「適用税率」及び「消費税額等」の記載が追加された書類やデータをいいます。

　例えば，インボイスの具体例としては，財務省の資料から次のようなものを作ることが必要となります。

請求書

○年○月○日

○○（株）御中

（株）△△
（T123…）

請求金額（税込み）　　　60,197円
※は軽減税率対象

品名	数量	単価	金額（税抜）	消費税額
トマト　※	83	167	13,861	（注）－
ピーマン※	197	67	13,199	－
花	57	77	4,389	－
肥料	57	417	23,769	－
8％対象計			27,060	2,164
10％対象計			28,158	2,815

　（注）個々の商品ごとの消費税額を参考として記載することは，差し支えない。
　　　　ただし，行ごと計算した消費税額の合計額とは一致しないことに留意（8％
　　　　対象：2,163　⇔　2,164）。

　次に，インボイス制度についてですが，売手側については，売手である登録事業者が買手である取引先から求められたときはインボイスを交付しなければならず，買手側については，仕入税額控除の適用を受けるためには原則として

売手である登録事業者から交付を受けたインボイスの保存等が必要となります。

そして，インボイスを発行する売手側については，以下の４つの義務が課されます。

① インボイス交付義務

② 売上に係る対価の返還等を行った場合の適格返還請求書交付義務

③ 修正したインボイス交付義務

④ インボイス写しの保存義務

また，買手側としては，仕入税額控除を受けるために，一定の事項を記載した帳簿及び請求書等の保存が必要になります。

なお，インボイスを発行できるのは，税務署長から登録を受けた「適格請求書発行事業者」に限定され，令和３年10月１日からその登録が開始されます。

このようにインボイス制度は大きな改正であることから，①インボイス制度導入までの経過措置，②免税事業者からの仕入の特例，③売上・仕入に関する特例などがあるため注意が必要です。

最後に，学校法人における影響について考えてみると，学校法人が適格請求書発行事業者に登録しなければ，相手方が仕入税額控除できず，外部業者から物品購入等したとしても，当該業者が適格請求書発行事業者でなければ，学校法人自体が仕入税額控除できなくなることが考えられます。

⑧ 簡易課税制度

簡易課税制度とは，基準期間の課税売上高が5,000万円以下の事業者についての以下のみなし仕入率による簡便計算です。ただし，旧標準税率８％の課税売上や軽減税率８％の課税売上があれば，それに応じて別計算します。

業　　　　種	みなし仕入率
卸　売　業	90%
小　売　業	80%
製　造　業　等	70%
そ　の　他	60%
サービス業等	50%
不　動　産　業	40%

$$納付税額＝課税売上高×\frac{100}{110}×10\%－課税売上高×\frac{100}{110}×10\%$$

$$×みなし仕入率$$

⑨　特別会計を有する場合の取扱い

　特別会計は独立会計単位であり，一般会計や他の特別会計とは区別して経理する必要がありますが，消費税法上学校法人に対しては，その会計単位は考慮せず，一法人一事業として課されます。

　また，以下のことに留意して下さい。

①　会計単位ごとの税抜方式・税込方式の選択はできません。

②　納付又は還付消費税の会計処理は，原則として発生原因別に一般会計と特別会計とに按分処理します。

③　課税売上割合による仕入税額控除額計算を行う場合で，個別対応方式の場合，一般会計や特別会計の会計単位を実態に即して，個別対応の単位として考えることができます。

⑩　申　　　告

　学校法人も各事業年度終了の日の翌日から2か月以内に確定申告をしなければなりません。

　また，前課税期間の納付税額が48万円超の場合には，学校法人も例外ではなく中間申告もしなければなりません。

さらに，直前課税期間年税額4,800万円超の事業者については，原則，前年確定税額の12分の1を毎月納付しなければなりません。

なお，次のような事項が生じたら，各々以下の届出が必要となります。

届出が必要な場合	届 出 書 名	提 出 期 限 等
免税事業者が課税事業者になることを選択しようとするとき	消費税課税事業者選択届出書	選択しようとする課税期間の初日の前日まで
課税事業者を選択していた事業者が課税事業者の選択をやめようとするとき	消費税課税事業者選択不適用届出書	選択をやめようとする課税期間の初日の前日まで
簡易課税制度を選択しようとするとき	消費税簡易課税制度選択届出書	選択しようとする課税期間の初日の前日まで
簡易課税制度の選択をやめようとするとき	消費税簡易課税制度選択不適用届出書	選択をやめようとする課税期間の初日の前日まで
課税期間の特例（短縮）を選択しようとするとき	消費税課税期間特例選択届出書	特例（短縮）に係る課税期間の初日の前日まで
課税期間の特例（短縮）の適用をやめようとするとき	消費税課税期間特例選択不適用届出書	適用をやめようとする課税期間の初日の前日まで

4

所得税の源泉徴収義務

1　概　　要

　学校法人が，役員等に対して給与や退職金を支払った場合や顧問税理士に報酬を支払った場合などには，所得税を源泉徴収し国に納付しなければなりません。以下のものが対象となる所得です。

- ①　給与所得
- ②　退職所得
- ③　公的年金等
- ④　報酬・料金

2　給与支払者の事務手続き

　給与支払者は，源泉徴収義務発生後1か月以内に「給与支払事務所等の開設届出書」を所轄税務署長に提出し，給与所得・退職所得の受給者1人ごとに毎年1人別徴収簿を作成し，納付については，徴収高計算書に納付税額等を記入し，徴収税額を原則として翌月10日までに納付しなければなりません。

　ただし，給与所得者が10人未満の場合，選択によりあらかじめ税務署長に対して「源泉所得税納期特例の承認申請書」を提出しておけば，7月と翌年1月の年2回納付ですみます。

3　給与受給者の事務手続き

　給与受給者は，扶養控除等申告書に扶養家族等を記載し，その年の最初の給与等の支払いをする日の前日までに，給与支払者に提出しなければなりません。

④ 年 末 調 整

　年末調整とは，1年間の給与総額が確定する年末に，その年の納付すべき税額を計算し，源泉徴収税額との過不足を精算する手続きをいいますが，以下の人は年末調整の対象になりません。

　①　給与等の金額が2,000万円超の人
　②　2か所以上から一定金額以上の支給を受けている人
　③　年の中途で退職した人
　④　災害により徴収猶予を受けた人
　⑤　日雇労務者
　⑥　非居住者

⑤ 法 定 調 書

　給与支払者のうち一定額を超えて支払いをした場合，以下の法定調書を作成して，所轄税務署長に提出しなければなりません。

　①　給与支払報告書及び給与所得の源泉徴収票
　②　退職所得の源泉徴収票
　③　公的年金の支払調書
　④　報酬・料金等の支払調書
　⑤　不動産の使用料等の支払調書及び不動産等の譲受けの対価の支払調書
　⑥　支払調書合計表

⑥ マイナンバー制度について

　平成27年10月以降にマイナンバーが通知され，平成28年1月からマイナンバー制度が始まりました。

　この制度は，行政手続における特定の個人を識別するため，マイナンバー（個人は12桁，法人は13桁）が付され，社会保障，税，災害対策に係るものについて，マイナンバーの申し出・記載が必要となるというものです。

このことにより，税金の申告書のみならず，給与所得の源泉徴収票や支払調書等についてもマイナンバーの記載が必要となり，支払者＝法定調書の税務署への提供者のマイナンバーだけでなく，支払いを受ける者のマイナンバーも必要となることから，あらかじめこれらのマイナンバーの収集が必要です。

　さて，マイナンバーの収集にあたって，スムーズに収集できればいいのですが，かたくなにマイナンバー提供を拒む方も見向けられます。

　その場合，以下の形式の申述書を作成しておくことをお勧めします。

平成　　年　　月　　日

_____税務署長　殿

（企業名）_____
（役職名）_____
（氏　名）_____

個人番号情報の提供を受けられなかった経過等に関する申述書

個人番号情報の提供を受けられませんでしたので，その経過等について申し述べます。

【個人番号情報の提供を受けられなかった者の氏名，住所，連絡先及び属性】

氏　名	
住　所	
連絡先	
属　性	□従業者　□報酬等支払先　□株主　□不動産賃料等支払先 □その他（　　　　　　　　　　　　　）

【最初に個人番号情報の提供を依頼した日及び依頼の内容等】

年月日：平成　　年　　月　　日
依頼文書：（表題）
　　　　　（文面）
　　　　　（送達方法）

【個人番号情報の提供を受けられていない経過及び理由等】

【その後の対応方法】

5
学校法人に寄附した場合の税制

1　個人・法人が寄附した場合

　個人が学校法人に寄附した場合，その年分の所得税の計算上，特定寄附金とされ所得控除（寄附金控除又は税額控除）を受けることができます。

　ただし，学校の入学に関して行うものは，特定寄附金に該当しません。

　そして，寄附金控除額は，次の算式により計算します。

　　　寄附金控除額＝（特定寄附金の合計額と所得金額の40％のうちいずれか少ない方）－2,000円

　税額控除額は，次の算式により計算します。

　　　税額控除額(注1)＝（寄附金合計額(注2)－2,000円）×40％

　　（注1）　所得税額の25％が限度
　　（注2）　総所得金額の40％が限度

　上記の寄附金控除又は税額控除の適用を受けたい個人は，寄附先の学校法人からの寄附金の受領証及び上記証明書の写しの交付を受けて，確定申告の際，添付又は提示しなければなりません。

　法人が学校法人に寄附した場合の取扱いは，130ページの「Ⅲ　学校法人の税務」，「3　寄附金」を参照して下さい。

2　個人が贈与した場合のみなし譲渡課税の非課税特例

　個人が法人に対して土地や不動産などを譲渡した場合，原則として時価により譲渡があったものとして，譲渡所得課税されます。

　しかし，学校法人に対して譲渡所得の基因となる財産を寄附した場合，以下

の一定の要件を満たすものとして国税庁長官の承認を受けたときは，譲渡所得が非課税とされています。

① その寄附が，教育又は科学の振興，文化の向上，社会福祉への貢献その他公益の増進に著しく寄与すること

② 寄附した財産が，その寄附のあった日から2年以内にその公益法人等の公益を目的とする事業の用に直接供され，又は供される見込みであること

なお，寄附を受けた公益法人等が，収用・換地，災害などやむを得ない理由として国税庁長官が認める理由によりその寄附財産を他に譲渡した場合は，その譲渡代金の全額を代替資産としての建物，構築物，土地又は土地の上に存する権利の取得に充て，かつ，その代替資産が，寄附のあった日から原則として2年以内にその公益法人等の公益を目的とする事業の用に直接供される見込みであること

③ その公益法人等に対して財産を寄附することによりその寄附者の所得税の負担を不当に減少させ，又はその寄附者の親族その他これらの者と特別の関係がある者の相続税もしくは贈与税の負担を不当に減少させる結果とならないと認められること

さらに，個人が私立大学又は高等専門学校を設置している学校法人に財産を寄附した場合には，先ほどの国税庁長官の承認要件に代えて，次の非課税要件が必要とされています。

① その寄附をした者が，その学校法人の役員等及びその親族等に該当しないこと

② 財産の寄附を受けた学校法人において，その財産について，基本金に組み入れる方法により管理されていること

③ その学校法人の理事会において，その学校法人が財産の寄附の申出を受け入れること及びその寄附を受けた財産について基本金に組み入れることが決定されていること

③ 個人が相続財産を寄附した場合の相続税の非課税特例

　相続等により財産を取得した個人が，その財産を学校法人などに相続税の申告書の提出期限までに寄附（贈与）した場合，そのことによって，その寄附者又はその親族等の相続税や贈与税の負担が不当に減少する結果となると認められる場合を除き，その財産に相続税を課税しないこととされています。

　この特例の適用を受けるためには，次の要件を満たすことが必要です。

①　贈与した財産は，相続又は遺贈により取得した財産であること

　　相続税計算上の相続・遺贈財産には，相続開始前３年以内に被相続人から贈与により取得した財産や相続時精算課税の適用を受ける財産で相続税法の規定により相続税の課税価格に加算されるものが含まれますが，これらは，この制度の適用がある財産には含まれません。

②　その相続税の申告書の提出期限（相法27①）までに行われた贈与であること

③　贈与の相手方は，以下のような法人であること

　　i　独立行政法人

　　ii　国立大学法人及び公立大学法人

　　iii　公益社団法人及び公益財団法人

　　iv　私立学校法第３条に規定する学校法人で，学校の設置もしくは学校及び専修学校の設置を主たる目的とするもの又は私立学校法第64条第４項の規定により設置された法人で専修学校の設置を主たる目的とするもの

④　財産の贈与を受けた法人は，２年内に公益の用に供すること

　最後に，平成30年改正により，学校法人に財産を贈与や相続により寄附した場合の譲渡所得等の非課税措置について，次の措置が講じられることになりました。

　申請書の提出があった日から１月以内に国税庁長官の承認しないことの決定がなかった場合に，その承認があったものとみなす特例について，承認に係る

特例の対象範囲に，次に掲げる贈与又は遺贈も加えられることとなりました。

国立大学法人，大学共同利用機関法人，公立大学法人，独立行政法人国立高等専門学校機構又は国立研究開発法人（法人税法別表第一に掲げる法人に限る。）に対する贈与又は遺贈で，そのことに係る財産が一定の手続の下で，これらの法人の行う研究開発の実施等の業務に充てるための基金に組み入れるもの

参　考　文　献

『学校会計入門』，齋藤力夫著，中央経済社

『学校法人収益事業の税務』，齋藤力夫・石井隆編著，学校法人経理研究会

『学校法人の会計実務詳解』，監査法人太田昭和センチュリー編，中央経済社

『学校法人会計要覧』，学校経理研究会編，霞出版社

『学校法人会計ハンドブック』，日本公認会計士協会東京会編，霞出版社

『非営利法人の決算と開示ハンドブック』，日本公認会計士協会東京会編，税
　　務研究会

『学校法人会計の実務ガイド』あずさ監査法人編，中央経済社

『学校法人会計のすべて』，齋藤力夫，税務経理協会

『わかる　つかえる　学校法人の税務実務～ポイントとQ&A～』佐々木政孝，
　　税務経理協会

『やさしくわかる学校法人の経営分析』有限責任監査法人トーマツ編，同文舘

『学校法人会計の新会計実務』有限責任監査法人トーマツ編，第一法規

『学校法人税務入門』齋藤力夫・小栗一徳著，税務経理協会

『学校法人会計テキスト』杉野泰雄著，中央経済社

著 者 紹 介

実藤　秀志（さねとう　ひでし）

昭和36年　東京生まれ

昭和58年　埼玉大学経済学部卒業

昭和60年　公認会計士2次試験合格

平成元年　公認会計士3次試験合格

平成4年　独立開業

平成8年　不動産鑑定士2次試験合格

現　在　公認会計士，税理士，不動産鑑定士補

著　書　『年収100万円で楽しく幸せに生活する本』（三笠書房）

　　　　『1週間で「会計の基本」が身につく本』（PHP研究所）

　　　　『年金不足2,000万円はまったく心配ない』（言視舎）

　　　　『老後破産しないための「6,000万円獲得大作戦」』（トータルEメ
ディア出版）

　　　　『あなたの終活を大成功に導く』（トータルEメディア出版）

　　　　『新公益法人ハンドブック』（税務経理協会）

　　　　『宗教法人ハンドブック』（税務経理協会）

　　　　『医療法人ハンドブック』（税務経理協会）

　　　　『社会福祉法人ハンドブック』（税務経理協会）など

編　著　『超高齢化時代へのライフデザイン』（税務経理協会）

連絡先：千葉県船橋市松が丘1-35-1

　　　　TEL　047（469）4768　　FAX　047（469）7078

　　　　URL　http://www.saneto-kaikei.com

著者との契約により検印省略

平成13年9月10日	初 版 発 行	
平成16年2月25日	改訂版第1刷発行	
平成16年7月10日	改訂版第2刷発行	
平成18年1月10日	三訂版第1刷発行	
平成19年11月10日	四訂版第1刷発行	
平成21年10月30日	五訂版第1刷発行	
平成24年10月30日	六訂版第1刷発行	
平成27年12月10日	七訂版第1刷発行	
平成30年5月30日	八訂版第1刷発行	
令和3年11月10日	九訂版第1刷発行	

学校法人ハンドブック
－設立・会計・税務－
〔九訂版〕

著　者　実　藤　秀　志
発 行 者　大　坪　克　行
印 刷 所　税経印刷株式会社
製 本 所　牧製本印刷株式会社

発 行 所　〒161-0033 東京都新宿区　株式　税務経理協会
下落合2丁目5番13号　会社

振　替　00190-2-187408　電話　（03）3953-3301（編集部）
ＦＡＸ　（03）3565-3391　　　　（03）3953-3325（営業部）
URL　http://www.zeikei.co.jp/
乱丁・落丁の場合は，お取替えいたします。

© 実藤秀志　2018　　　　　　　　　　　　Printed in Japan

ISBN978-4-419-06831-8　C3032